一天一则
名言警句

学习卷

主　编：夫　子

编　委：范　丽　何朝辉　雷　蕾　刘　佳
　　　　毛　恋　孙　娟　唐玉芝　邱鼎淞
　　　　王　惠　吴　翩　向丽琴　晏成立
　　　　阳　倩　叶琴琴　曾婷婷　张朝伟
　　　　钟　鑫　周方艳　周晓娟

山东教育出版社
·济南·

图书在版编目（CIP）数据

一天一则名言警句 . 学习卷 / 夫子主编 . — 济南：
山东教育出版社，2023.2
ISBN 978-7-5701-2449-7

Ⅰ . ①一… Ⅱ . ①夫… Ⅲ . ①格言—汇编—中国—古
代②警句—汇编—中国—古代 Ⅳ . ① H136.3

中国版本图书馆 CIP 数据核字 (2022) 第 245553 号

YI TIAN YI ZE MINGYAN JINGJU　XUEXI JUAN

一天一则名言警句　学习卷　　夫子　主编

主管单位：山东出版传媒股份有限公司
出版发行：山东教育出版社
　　　　　地址：济南市市中区二环南路 2066 号 4 区 1 号
　　　　　邮编：250003　电话：（0531）82092660
　　　　　网址：www.sjs.com.cn
印　　刷：济南鲁艺彩印有限公司
版　　次：2023 年 2 月第 1 版
印　　次：2023 年 2 月第 1 次印刷
开　　本：720 mm×1020 mm　1/16
印　　张：10
印　　数：1—10000
字　　数：180 千
定　　价：36.00 元

（如印装质量有问题，请与印刷厂联系调换）
印刷厂电话：0531-88665353

目录

1

2

学习卷

一

yì nián zhī jì zài yú chūn
一年之计在于春，
yí rì zhī jì zài yú chén
一日之计在于晨。

|追本溯源|

一年之计在于春，一日之计在于晨。

——《纂要》

|品思解读|

一年的收成在于春天的播种，不然秋后就不可能有收获；一天的学习在于早晨的用功晨读，只有这样才能学到知识。这句话一开始是用来提醒农民提前做好春天的栽种工作，早做计划，后来逐渐被用来提醒人们要抓紧时间学习。

|写作运用|

写作主题： 时间　惜时　勤学　人生价值　生命意义

写作示范： "一年之计在于春，一日之计在于晨。"当冬天携着寒风白雪悠悠然地离开，我们迎来了期盼已久的春天。而在这新的一年里，我们要及时调整好自己的心态，早早做好新的打算和计划，面对未来新的学习挑战。

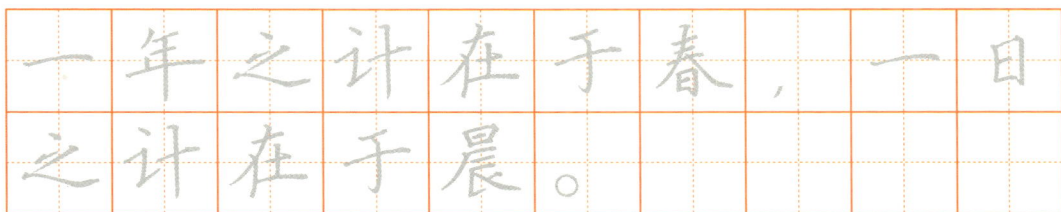

一年之计在于春，一日之计在于晨。

|日有所得|

"迎春"仪式

据记载，周武王曾要求地方官每年举行"迎春"仪式。在立春前一天，各地方官都得洗澡，然后穿上白色的衣服，步行到郊外举行仪式。立春当天，周武王把乡民喊到一起，先点上香并用物品祭祀，然后用鞭子抽打土牛，寓意着打掉春牛身上的惰性，让牛更勤快一点。古人借此活动以期望迎来全年丰收，并借此宣告春耕播种工作开始。到了后来，人们逐渐用纸牛代替土牛。

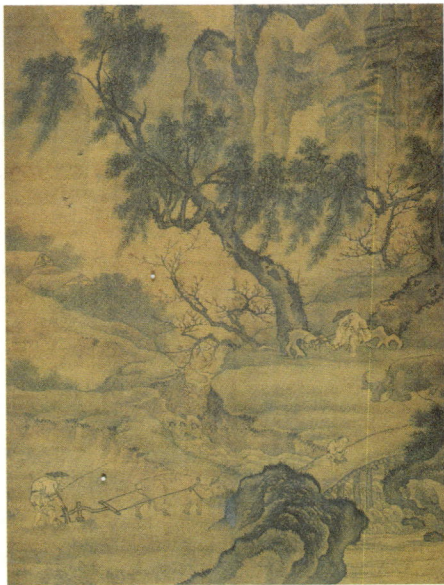

《春耕图》（局部）　［明］戴进

一天一则名言警句·学习卷

003

一寸光阴一寸金，
yí cùn guāng yīn yí cùn jīn

寸金难买寸光阴。
cùn jīn nán mǎi cùn guāng yīn

|追本溯源|

读书不觉已春深，一寸光阴一寸金。

不是道人来引笑，周情孔思正追寻。

——《白鹿洞二首·其一》

|品思解读|

寸是古代的一种长度单位，由于它是量度较小的单位，所以常用来形容极小或极短。这个句子说一寸光阴和一寸长的黄金一样珍贵，然而时间一去不复返，就算有一寸长的黄金也难以买到一寸光阴。唐代诗人王贞白在读书的时候发出了这样的感叹，表示要珍惜时间，专心读书。

|写作运用|

写作主题：时间 惜时 勤学 人生价值 生命意义

写作示范：人的生命是有限的，我们要让有限的生命创造出无限的价值，不要将时间白白地浪费掉。要知道，一寸光阴一寸金，寸金难买寸光阴，珍惜时间就是珍爱生命。

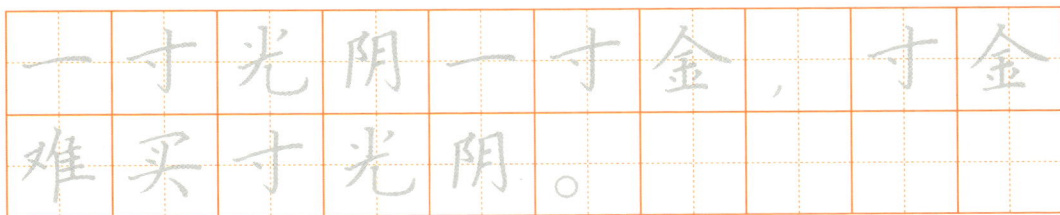

一寸光阴一寸金，寸金
难买寸光阴。

|日有所得|

为什么"光阴"用来表示时间

在古代，人们没有钟表，就用日晷（guǐ）来记录时间。日晷是根据太阳影子的位置来测量时间的一种设备——让日影投射在一个标有时刻的平面上。每当太阳移动时，日影的位置也跟着发生变动。变动着的日影被称为阴，后来，人们就用"光阴"来指代时间。

《班姬团扇图》　[明]唐寅
图上有文徵明的题诗："落尽闲花日晷迟，薄罗轻汗暑侵肌。眉端心事无人会，独许青团扇子知。"

一天一则名言警句·学习卷

005

千里之行，始于足下。

qiān lǐ zhī xíng　shǐ yú zú xià

/追本溯源/

合抱之木，生于毫末。九层之台，起于累土。千里之行，始于足下。

——《老子》

/品思解读/

走一千里路，是从迈第一步开始的。老子用这句话告诉我们，行动胜于一切。要想实现自己的梦想，就不能光说不做，而是要真正地跨出那一步。只有先踏上通往成功的道路，并脚踏实地地走下去，慢慢地就能越走越远，到达成功的彼岸。

/写作运用/

写作主题：积累　勤学　实践　坚持

写作示范：我们的身边有一些人，总是给自己定下一个又一个的目标，却从未付诸行动，这样又谈何实现？千里之行，始于足下。我们要朝着目标一步一步地走下去，等到达胜利的终点后回头，就会发现路虽千里，但每一步都记忆犹新。

千里之行，始于足下。

"足"在古代的意思

"足"除了表示脚之外，还有充足的意思。在《战国策》中就有"是其为人，哀鳏寡，恤孤独，振困穷，补不足"。这句话的意思是这个人怜悯那些无妻无夫的人，顾念抚恤那些无父无子的人，救济那些困苦贫穷的人，补助那些缺衣少食的人。而杜甫的《茅屋为秋风所破歌》中，"吾庐独破受冻死亦足"一句中的"足"则表示满足。"足"还可以做副词，《鸿门宴》中，"料大王士卒足以当项王乎"的"足"意思就是足够，还有《桃花源记》里的"不足为外人道也"，意思是不值得对外边的人说。

《行旅图卷》（局部）　[五代十国]董源

一天一则名言警句·学习卷

四

bǎi chǐ gān tóu　　gèng jìn yí bù
百尺竿头，更进一步。

/追本溯源/

百尺竿头不动人，虽然得入未为真；百尺竿头须进步，十方世界是全身。

——《五灯会元》

/品思解读/

哪怕我们已经到达了百尺竹竿的尽头，依旧需要更加努力地前进。这句话无论放在哪里，都有深刻的内涵。对于我们来说，这句话时刻提醒我们，知识是无穷无尽的，我们应该永远保持积极进取的精神。即使我们的学问已经达到了很高的水平，也应该勇往直前，迈进更加专业的领域。

/写作运用/

写作主题：求知　勤学　进取　人生价值　生命意义

写作示范：中国航天事业真正做到了"百尺竿头，更进一步"，它通过一次次突破自己的极限，吸引了全世界的目光。从1970年4月24日成功发射"东方红一号"，中国成为世界上第五个能独立研制并发射卫星的国家，到2022年12月4日"神舟十四号"载人飞船返回舱成功着陆，中国向全世界证明了自己的实力。

百 尺 竿 头 , 更 进 一 步 。

/日有所得/

"竿"和"杆"的区别

"竿"字因为有"竹"字头，所以指的是竹子的主干，比如"竹竿"。后面也慢慢用"竿"来形容一些用竹子做的东西。《诗经》中的"籊籊竹竿，以钓于淇"，指的就是钓竿。而"杆"则表示细长的棍状物，可以是木头，也可以是类似形状的东西，比如我们常说的"旗杆""栏杆"等。

《十万图册·万竿烟雨》 ［清］王翚

一天一则名言警句·学习卷

五

bù zhī zé wèn　　bù néng zé xué
不知则问，不能则学。

|追本溯源|

不知则问，不能则学，虽能必让，然后为德。

——《荀子》

|品思解读|

　　有不知道的地方就要虚心向他人请教，有不会的内容就要深入学习。荀子是儒家的代表人物，这句话也是典型的儒家言论。在当时的儒家学者眼中，唯有养成勤奋好学、不懂就问的习惯，才能在学业上更进一步。现在，这句话逐渐成为教师对学生的劝言。

|写作运用|

　　写作主题： 探索　勤学　好问

　　写作示范： 在漫长的学习旅程中，我们会遇到许多难题，这时不妨向身边的同学或老师请教，或许他们能够启发我们从新的角度去看待、解决这些难题。不知则问，不能则学，这样不仅能够提高我们的学习效率，还能加强我们与身边人的沟通。

不 知 则 问 ， 不 能 则 学 。

战国后期重要的儒家著作——《荀子》

　　《荀子》是战国时期荀子和弟子们整理或记录他人言行的哲学著作，也是战国后期儒家学派的重要著作。全书一共三十二篇，除少数篇章外，大部分都是荀子自己所写。在《荀子》一书中，我们能够清楚地看到荀子的诸多主张，其中就包括"人性本恶"的性恶论以及"制天命而用之"的天人论等。

一天一则名言警句·学习卷

玉龙佩　［战国至西汉期间］

闻鸡起舞

晋代的祖逖是个胸怀坦荡、抱负远大的人。他小时候是个不爱读书的淘气孩子。进入青年时代，他意识到自己知识的贫乏，深感不读书无以报效国家，于是发奋读起书来。他广泛阅读书籍，认真学习历史，从中汲取了丰富的知识，学问大有长进。他曾几次进出京都洛阳，接触过他的人都说，祖逖是个能辅佐帝王治理国家的人才。祖逖24岁的时候，曾有人推荐他去做官，他没有答应，仍然不懈地努力读书。

后来，祖逖和幼时的好友刘琨一同担任司州主簿。他与刘琨感情深厚，不仅常常同床而卧，同被而眠，而且还有共同的远大理想：建功立业，成为国家的栋梁之材。

一次，半夜里，祖逖听到公鸡的鸣叫声，他一脚把刘琨踢醒，对他说："别人都认为半夜听见鸡叫不吉利，我偏不这样想。咱们干脆以后听见鸡叫就起床练剑如何？"刘琨欣然同意。于是他们每天鸡叫后就起床练剑，剑光飞舞，剑声铿锵。冬去春来，寒来暑往，从不间断。功夫不负有心人，经过长期的刻苦学习和训练，他们终于成为能文能武的全才，既能写得一手好文章，又能带兵打胜仗。祖逖被封为镇西将军，实现了他报效国家的愿望；刘琨做了都督，兼管并、冀、幽三州的军事，也充分发挥了他的文才武略。

这个故事出自《晋书·祖逖传》。祖逖珍惜时间、努力奋斗的精神感染了无数后人。

学以致用

一、下面是一张日晷的图片，仔细观察，再查查资料，说说图中日晷表示的时间大约是现在的几点。

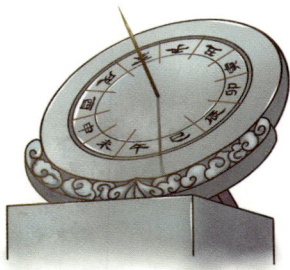

[　　] 点

二、用"杆"和"竿"把下列的词语补充完整。

耍笔 [　] 子　　　　　　旗 [　]

立 [　] 见影　　　　　　百尺 [　] 头

日上三 [　]　　　　　　电线 [　]

烟袋 [　] 儿　　　　　　揭 [　] 而起

三、在周代的迎春仪式上，人们打牛是为了（　　　）。（多选）

　　A. 看牛不顺眼

　　B. 宣布春耕开始

　　C. 期待全年丰收

一

dú shū bǎi biàn　　ér yì zì xiàn
读书百遍，而义自见。

/追本溯源/

人有从学者，遇不肯教，而云："必当先读百遍"。言"读书百遍而义自见"。

——《三国志》

/品思解读/

在阅读一本书时，只要能够反复阅读，读上百遍，自然而然就能领会到大意。面对不同类型的书籍，我们也要采用不同的读书方法。如果我们阅读的是比较专业的书籍或者是名篇佳作，我们就要反复琢磨，并在阅读的时候加入自己的思考。

/写作运用/

写作主题：阅读　勤学　理解

写作示范：读书百遍，而义自见。这不只是一种读书方法，更是一种读书态度。尤其是在这个快节奏生活的时代，我们更需要通过一遍遍的反复诵读，让自己能够慢下来，真正把心思投入到书里。只有这样，我们才能体会到书籍中所蕴含的哲理。

读书百遍，而义自见。

多音字"见"知多少

"见"是一个多音字，当它读"jiàn"时有很多含义，这里列举最常见的两种。像成语"见义勇为"里的"见"表示看到，这也是最常用的一种。"见"还表示接触、遇到。《左传·桓公元年》中有"宋华父督见孔父之妻于路"，意思是宋国的华父督在路上遇到孔父嘉的妻子。而在"而义自见"中，"见"读"xiàn"，与《史记·刺客列传》中的"图穷而匕首见"是一样的意思，都表示显现、出现。

《山馆读书图》（局部）

[宋]刘松年

一天一则名言警句·学习卷

二

dú wàn juàn shū　xíng wàn lǐ lù
读万卷书，行万里路。

/追本溯源/

昔人评大年画，谓得胸中万卷书。更奇，又大年以宗室不得远游，每朝陵回，得写胸中丘壑，不行万里路，不读万卷书，欲作画祖，其可得乎？

——《画禅室随笔》

/品思解读/

读万卷书，是指要努力读书，让自己的才识过人。行万里路，是指让自己的所学体现在生活中，同时增长见识，也就是理论结合实际，学以致用。古人把"读万卷书，行万里路"当作一种追求，因为这两者能增长知识和能力，使人开阔眼界。

/写作运用/

写作主题：实践　勤学　努力　眼界

写作示范：如果说书籍是人类进步的阶梯，那实践就是把知识化为力量的关键。只读万卷书，可能会让我们停留在纸上谈兵，就像赵括一样；而缺乏知识，哪怕有行万里路的想法，也会受限于自身能力的不足。因此我们要"读万卷书，行万里路"，先提升自己的学识，再积累实践经验。

読 万 卷 书 , 行 万 里 路 。

"卷"在古代的意思

　　"卷"有两种读音。当它表示动作的时候读"juǎn",而当它读"juàn"时有书籍的意思。这是因为在西汉以前,人们大都是在竹简或者绢帛上书写。写完之后如果不卷起来存放的话,就会很占地方,所以就以"卷"来作为书籍的计量单位。又因为一卷竹简能够写的字有限,有时候一本书往往有很多卷。

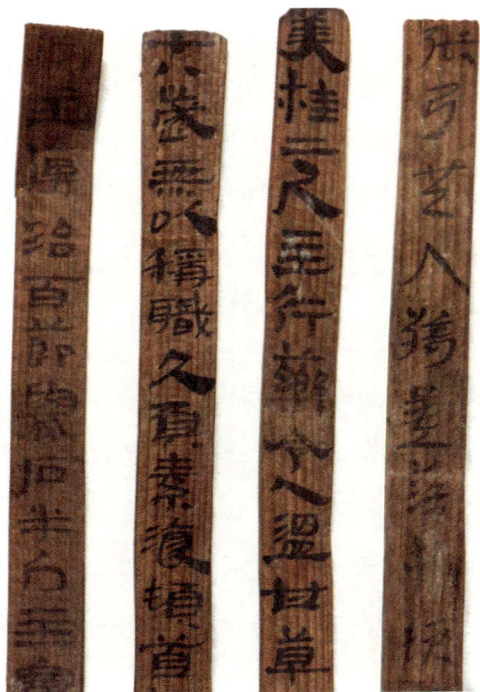

汉简墨迹拾遗(局部)　　〔汉〕

一天一则名言警句·学习卷

三

hào wèn zé yù　　zì yòng zé xiǎo
好问则裕，自用则小。

/追本溯源/

予闻曰："能自得师者王，谓人莫己若者亡。好问则裕，自用则小。"

——《尚书》

/品思解读/

"裕"是足、丰富的意思。勤学好问，学到的东西就多；骄傲自大，学到的东西就少。在遇到迟迟解答不出来的问题的时候，我们就要向贤人请教。只有这样积累学识，我们才会变得渊博精深。而自以为是的人，仅仅依靠自己片面的判断，对于事情的理解往往不全面。

/写作运用/

写作主题：好问　勤学　谦虚

写作示范：因为朋友的质疑，我也曾考虑过自己积极请教老师的行为，是否看起来很不聪明。但慢慢地，我发现通过提问记住的知识点反而更加牢固。于是，我明白了"好问则裕，自用则小"的道理。自以为是的人总在原地踏步，要想学到更多的知识，就得勤学好问！

好 问 则 裕 ， 自 用 则 小 。

|日有所得|

古时候的公文——《仲虺之诰》

在古代，诰是统治者勉励下属的一种公文，也是中国历史上出现最早、使用时间最长的公文之一。《仲虺之诰》是仲虺所作，仲虺是商朝宰相。当时，商王已经把夏桀打败，虽然没有赶尽杀绝，但商王还是担心后世人对他的评价。为了宽慰商王，仲虺就写下了《仲虺之诰》这篇诰词，告诉诸侯及百姓，灭夏建商是大势所趋，天命所归。而"好问则裕，自用则小"正是仲虺在对比商王与夏桀的德行。

子鼎 ［商］

一天一则名言警句·学习卷

博学之，审问之，慎思之，明辨之，笃行之。

bó xué zhī， shěn wèn zhī，
shèn sī zhī， míng biàn zhī， dǔ xíng zhī。

/追本溯源/

诚者，不勉而中，不思而得，从容中道，圣人也。诚之者，择善而固执之者也。博学之，审问之，慎思之，明辨之，笃行之。

——《中庸》

/品思解读/

关于治学求进的过程，分为五个阶段：首先要有求知欲，广泛地学习；其次要不懂就问，有"打破砂锅问到底"的精神；最后三个阶段可以同步进行，结合所学独立思考，并仔细辨别内容的真实性与价值，最终学为所用，把理论运用于实际，解决现实问题。

/写作运用/

写作主题：方法　运用　勤学

写作示范：在学习中我们总有各式各样的学习方法，但究其根本，无非五个步骤：博学之，审问之，慎思之，明辨之，笃行之。这也是古人给我们总结出来的学习方法，只要我们按照这样的过程去学习，成绩就会有所提升。

博学之，审问之，慎思之，明辨之，笃行之。

/日有所得/

四书之一——《中庸》

《中庸》原来是《礼记》中的一篇，相传是孔子的孙子子思所著，由西汉戴圣整理并编入《礼记》。中，指不偏不倚；庸，指平常。中庸指的就是无过无不及的态度，是儒家认为的最高的道德标准，也是孔子一直宣扬的思想。后来《中庸》被南宋时期的教育家朱熹从《礼记》中抽出，将其与《大学》《论语》《孟子》并称"四书"，编入《四书集注》。

双兽纹玉佩 ［西汉］

五

智能之士，

bù xué bù chéng　　bú wèn bù zhī

不学不成，不问不知。

|追本溯源|

夫可知之事，推精思之，虽大无难；不可知之事，历心学问，虽小无易。故智能之士，不学不成，不问不知。

——《论衡》

|品思解读|

汉代儒家认为圣人生来就懂得万事万物的道理，而王充在他的文章中批判了这种观点。王充认为根本就不存在"生而知之"的人。即便再聪明的人，不学习也不会获得知识，不向别人请教就弄不明白自己的疑惑。唯有学习，才是增长智慧的必由之路。

|写作运用|

写作主题： 努力　勤学　智慧

写作示范： 学习是获得知识的必由之路。智能之士，不学不成，不问不知。唐伯虎小小年纪就展现出了在画画方面的天赋，但他如果没有跟着一些绘画大师学习，大概也无法成为著名的大画家。

|落笔生花|

| 智 | 能 | 之 | 士 | ， | 不 | 学 | 不 | 成 | ， |
| 不 | 问 | 不 | 知 | 。 | | | | | |

|日有所得|

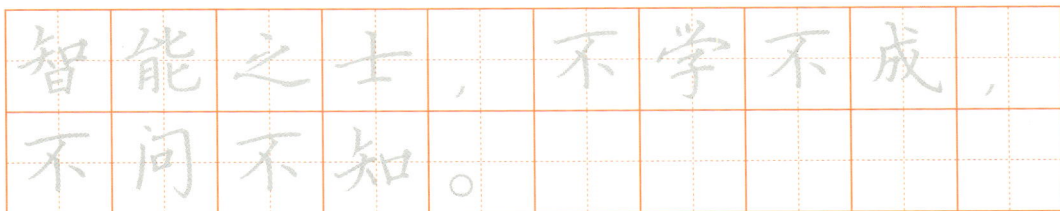

古代的学校——私塾

在古代，私塾是私人所办的学校，教学内容主要以儒家思想为中心。清代的私塾有三种：第一种叫教馆或坐馆，是比较富裕的人家给自家孩子请的家教；第二种被称为村塾或族塾（宗塾），是由地方、村子或者宗族捐助钱财、学田，聘请教师设立私塾，专门教导那些家里比较贫困的孩子；最后一种是落第的秀才或者老童生自己设立的私塾，通过收费招收学生，称为自设馆。私塾的学生一般五六岁到二十岁左右的都有。私塾就类似于现在的各种培训机构。

《村童闹学图》 ［清］佚名

023

不懂就问的孔子

有一次，孔子有机会进入鲁国的太庙。太庙是古代帝王祭祀祖先的地方，里面陈列着许多文物古器，还经常举行祭祀活动。在这里，人们可以了解历史和有关的典章制度。孔子进太庙后，就下功夫认真进行考察，对每一件不明白的事，都向别人请教。从庙里陈列的件件文物古器到举行仪式时伴奏的音乐，他样样都要找人问个明白。活动结束后，他还拉住别人的衣袖，继续问一些自己不明白的问题。有人见他四处询问，嘲讽说："谁说这个年轻人懂得礼呢？他跑进太庙，什么都要问。"孔子听了回道："不懂就问，这就是礼啊！"

勤奋求学的宋濂

明朝的宋濂小时候酷爱读书，但因家里穷，买不了书，只能到有书的人家去借，亲自抄写，再按约定时间归还。冬天，宋濂的手指冻得无法弯曲和伸直，但他依然夜以继日地抄写，抄完便立刻送还，从不超过约定的时间。因此，大家都愿意借书给他，他也读了很多书。

宋濂成年后，更加仰慕古代圣贤的学说，他经常拿着书去百里以外，向同乡有名望的前辈请教。去求学的时候，他背着书箱、拖着鞋子在深山中赶路。深冬时节，刮着凛冽的寒风，大雪有几尺深，他的脚都被冻裂了，自己也不知道。等到了中途投宿的客栈，宋濂的四肢都冻僵了，半天才暖和过来。在客栈里，宋濂穿着破棉袍，一天只吃两顿饭，没有鲜美的食物可以享受。而同住的那些富贵子弟都穿着绫罗绸缎，每天都大吃大喝。宋濂从不羡慕他们的生活。因为在他看来，只有求得知识，才是最令人高兴的事。

一、给下列两个多音字注音，并组词。

见 （　　　） ＿＿＿＿＿ ＿＿＿＿＿

（　　　） ＿＿＿＿＿ ＿＿＿＿＿

卷 （　　　） ＿＿＿＿＿ ＿＿＿＿＿

（　　　） ＿＿＿＿＿ ＿＿＿＿＿

二、根据所学知识，填空。

1. "四书"指的是＿＿＿＿＿、＿＿＿＿＿、＿＿＿＿＿、
＿＿＿＿＿。

2. 西汉之前，人们大都是在＿＿＿＿＿或＿＿＿＿＿上写字。

3. 治学求进可以分为五个阶段，分别是＿＿＿＿＿、＿＿＿＿＿、
＿＿＿＿＿、＿＿＿＿＿、＿＿＿＿＿。

三、诰是史上出现最早、使用时间最长的公文之一，它是（　　　）的
一种公文。

A. 臣子呈送君王

B. 同事之间互相交流

C. 古代统治者勉励下属

一

rén fēi shēng ér zhī zhī zhě shú néng wú huò
人非生而知之者，孰能无惑？

/追本溯源/

人非生而知之者，孰能无惑？惑而不从师，其为惑也，终不解矣。

——《师说》

/品思解读/

人不是生出来就懂得一切道理的，谁能没有疑惑呢？韩愈在《师说》一文中提出了这个观点，并告诉他的学生李蟠，不用为自己有不懂的知识而感到羞耻。有了疑问却因为不好意思而不去弄清楚，那这个问题将永远存在。我们应该主动学习，积极求教。

/写作运用/

写作主题：好问 勤学 积极

写作示范：我时常因为担心自己提出的问题对别人来说过于简单而遭到嘲笑，所以在学习上一直没有什么进步。后来我明白了，人非生而知之者，孰能无惑？于是我勇敢地走进老师的办公室，问出了困扰我许久的问题。

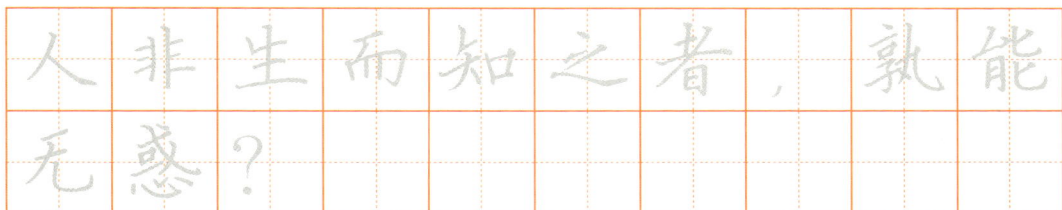

人 非 生 而 知 之 者 ， 孰 能
无 惑 ？

韩愈的宣言——《师说》

　　《师说》是韩愈写给学生李蟠的一篇文章。在文中，他主要抨击了那些仗着自己门第高贵、不肯跟老师学习同时还讥笑别人向老师学习的士大夫阶层。在《师说》中，韩愈表明了自己的观点，他认为任何人都可以做自己的老师，不应因地位贵贱或年龄差别，就不肯虚心向他们学习。可以说，这也是韩愈引领"古文运动"的庄严宣言。

《勘书图》（局部）　　［五代十国］黄筌

这幅图画的是韩愈教子读书之事。

一天一则名言警句·学习卷

少年不知勤学苦，

shào nián bù zhī qín xué kǔ

老来方知读书迟。

lǎo lái fāng zhī dú shū chí

|追本溯源|

三更灯火五更鸡，正是男儿读书时。

黑发不知勤学早，白首方悔读书迟。

——《劝学》

|品思解读|

少年时只知道玩，不知道要好好学习，到老的时候才后悔自己年少时的不努力。颜真卿告诫我们要抓住年少时光，好好读书，认真学习文化知识。只有不断积累，掌握多种本领，长大后才能实现自己的理想和人生价值，而不是等到老了以后再后悔。

|写作运用|

写作主题：惜时　勤学　读书　人生价值

写作示范：每当我在学习上偷懒的时候，爷爷总会耐心地告诫我：少年不知勤学苦，老来方知读书迟。他还说他现在老了，想学习也看不清书上的字了，劝我要好好把握当下的时光，趁自己还能够学习的时候多学一点知识。

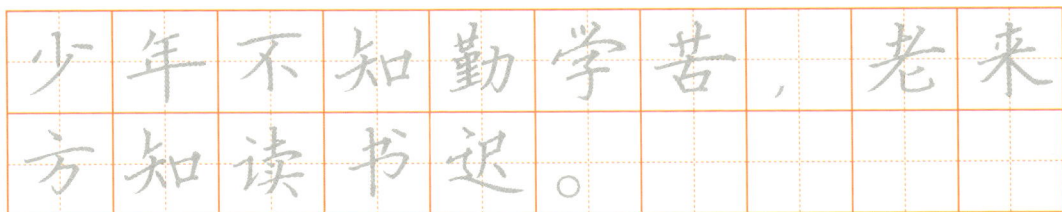

少年不知勤学苦，老来
方知读书迟。

古人也染发

《孝经》中曾说：身体发肤，受之父母。可见，古人是非常珍惜头发的。在当时那个人人蓄发的年代，他们也会有早白头的忧伤。为了治疗白发，古人们也是绞尽脑汁想法子。葛洪在他的《肘后方备急方》里就写了染发配方：把黑大豆在米醋中浸泡一到两天，再一起加热煮烂，过滤掉渣子后再用小火慢慢将其熬制成稠膏状。这种天然的染发膏在当时一度非常流行。

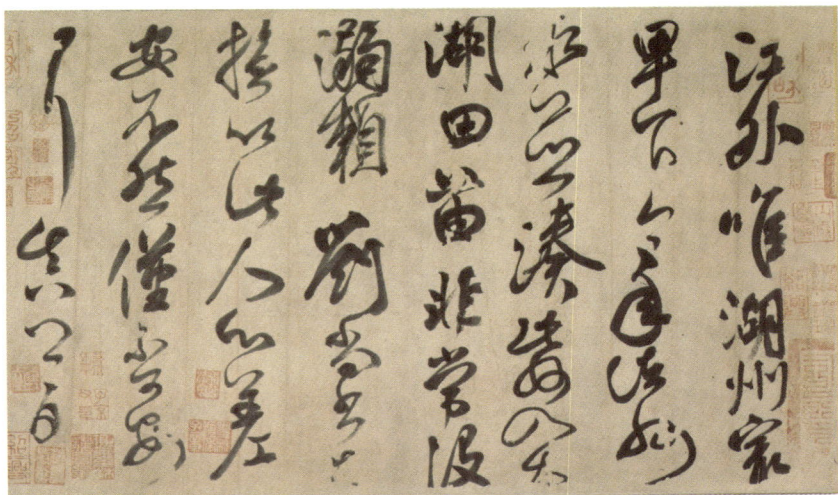

湖州帖（局部）　［唐］颜真卿

三

yí rì dú shū yí rì gōng
一日读书一日功，
yí rì bù dú shí rì kōng
一日不读十日空。

/追本溯源/

一日读书一日功，一日不读十日空。

——民间俗语

/品思解读/

读一天书就会有一天的收获，但如果有一天没读书就会丢失掉十天来读书的收获。学习是一个连续的过程，只有坚持不懈地学习，才能够保证把所学的内容掌握扎实。现在这句话已经成为当代学生的信条，经常被用来提醒自己勤学不辍。

/写作运用/

写作主题：坚持　读书　勤学　习惯

写作示范：学习是一场持久战，需要我们端正自己的学习态度，养成良好的学习习惯。一日读书一日功，一日不读十日空。哪怕只是一天的停滞，它所影响的不仅仅只是知识的积累，更是一个习惯的养成。只有经年累月的坚持，才能让我们取得学习上的成功。

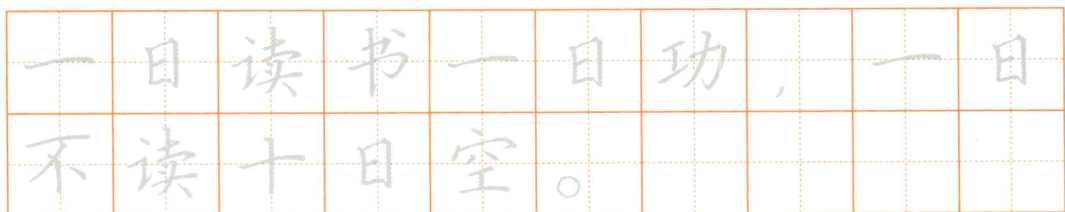

一 日 读 书 一 日 功 ， 一 日
不 读 十 日 空 。

|日有所得|

古代抄书的职业——佣书

在古代，因为印刷成本非常高，所以请人抄书远比买书划算，并由此出现了一种以抄书为生的职业——佣书。佣书在魏晋南北朝时称"经生"，唐代以后就一直被称为"抄书人"。佣书虽然是受人雇佣抄书以维持生计，但在雕版印刷术发明之前，他们也是传播和保存文化知识的重要媒介。

《树下读书图》　　［明］吴伟

一天一则名言警句·学习卷

四

shū shān yǒu lù qín wéi jìng
书山有路勤为径，
xué hǎi wú yá kǔ zuò zhōu
学海无涯苦作舟。

/追本溯源/

书山有路勤为径，学海无涯苦作舟。

——民间俗语

/品思解读/

知识是广泛的，只有通过不断努力才能铺出一条路，爬上书山；学习是无休无止的，唯有不怕艰苦才可以乘着船，扬帆驶入知识的海洋。要想在广博的书山、学海中汲取更多知识，"勤奋"和"刻苦"是必不可少的两个条件。

/写作运用/

写作主题：积累　勤学　努力　坚持

写作示范：纵观古今，真正取得成功的永远都是那些坚持不懈、刻苦学习的人。天赋可能会让我们在起跑线上领先别人一步，但学习是一场马拉松，要知道"书山有路勤为径，学海无涯苦作舟"，只有坚持到最后的人，才是胜者！

032

书 山 有 路 勤 为 径 ， 学 海

无 涯 苦 作 舟 。

|日有所得|

古代"船"的发展

在原始社会，人们因为缺乏水上工具，所以没法渡过河流。后来受到漂浮在水面上的树叶的启发，人们发明了独木舟。把一根圆木掏空，再用木片当桨，这就是最早的船。之后人们陆续制造出了更平稳的筏、木板船。为了适应长途航行又创造了利用风力行驶的船——帆船。早在秦代，我国就造出了海船，海船长达30米，宽6至8米，能载重6万公斤重物漂洋过海。到了汉代，更有百尺楼船。而明代郑和下西洋乘坐的宝船，已经长达140米，宽约60米。

《舟月图》　[宋]赵令穰

一天一则名言警句·学习卷

五

bù bǎo shí yǐ zhōng rì
不饱食以终日，
bú qì gōng yú cùn yīn
不弃功于寸阴。

/追本溯源/

以是贤人悲寓世之倏忽，疾泯没之无称。感朝闻之弘训，悟通微之无类。惧将落之明戒，觉罔念之作狂。不饱食以终日，不弃功于寸阴。

——《抱朴子》

/品思解读/

《抱朴子》是东晋时期著名的炼丹家葛洪所作，这句名言也是出自这里。葛洪认为，一个人要想学有所成，那就要争分夺秒地把时间都用在学习上。不要整天吃饱喝足、无所事事，浪费任何可以利用的时间。

/写作运用/

写作主题：惜时　勤学　坚持　生命意义

写作示范：一个人若是整天无所事事，不去学习和思考，就不会有所成就。敢于浪费时间的人，说明他还不懂得珍惜生命的价值。我们应当"不饱食以终日，不弃功于寸阴"，争取把我们所有的时间都用来做最有益的事情。

不 饱 食 以 终 日 , 不 弃 功
于 寸 阴 。

/日有所得/

古代的化学——炼丹

在古代，帝王们为了追求"长生不死"，会让人炼制所谓的"长生不老药"来服用。我们都知道"长生不老药"是不存在的，那为什么我们还会把像葛洪一样炼制不存在的丹药的人尊为"炼丹家"呢？那是因为在当时的时代背景下，他们的炼丹行为就相当于我们如今的化学实验。火药就是在炼制"长生不老药"的过程中发明的。还有咱们常吃的豆腐，据传也是汉朝淮南王刘安在山上烧药炼丹时偶然发明的。

《炼丹台图》 ［清］梅清

一天一则名言警句·学习卷

不懂装懂闹笑话

有个北方人到南方去做官，刚到南方，肯定有许多事情弄不明白。如果虚心请教别人，也许并不难懂。可这位先生觉得去问别人，会显得自己太无知。所以他宁肯不懂装懂，结果闹出了许多笑话。

有一次，一个乡绅请他去做客，大家聊得很开心，这时，仆人送上一盘菱角。这位先生没吃过菱角，又不好意思问。主人家一再请他先尝，无奈，他只好拿起一只菱角，放到嘴里去嚼。主人心里很诧异，问他："这菱角是要剥了皮才好吃的，你怎么整个丢到嘴里去嚼呢？"他明知自己弄错却一本正经地说："刚刚到南方来，有些水土不服。我连壳都吃掉为的就是清热解火。"

主人摇摇头，说："我们怎么没听说过呢？你们那儿这东西很多吗？"那人答道："多得很呐！山前山后到处都有呢。"主人不禁哑然失笑。

还有一次，他和一位朋友逛菜市场，看到一个人在卖姜。这人没见过姜是怎么生长的，就问道："一棵树上一年能结多少姜？"卖姜的人和周围的人都笑了，他们说："姜是地里长的，怎么能是树上结的呢？"

他却硬和别人争辩个没完："你们真是笨呀，姜是树上结的，我会不知道？我们邻居家就有一棵姜树，不信，我们问问去吧？"他虽然这样说，但心里也发虚，因为他知道他的邻居家根本没有姜树，他不过是为自己解围罢了。他的朋友明白他是不懂装懂，于是故意对大家说："他这么有学问，会不知道姜是地里长的吗？他不过是考考你们，看你们能不能敢于坚持自己的见解。"那人听了朋友的话，脸红了。

一、请按照《肘后备急方》中的染发配方，给下列步骤排序。

二、判断下列说法是否正确。

1．据说，火药和豆腐都是在炼丹过程中发明的。 （　　）

2．苏轼的《师说》告诉人们从师学习的重要性。 （　　）

3．在魏晋时期，以抄书为生的人就叫"抄书人"。 （　　）

三、请按照我国古代船的发展顺序给下列图片排序。

shèng nián bù chóng lái   yí rì nán zài chén
盛年不重来，一日难再晨。
jí shí dāng miǎn lì   suì yuè bú dài rén
及时当勉励，岁月不待人。

/追本溯源/

人生无根蒂，飘如陌上尘。分散逐风转，此已非常身。落地为兄弟，何必骨肉亲！得欢当作乐，斗酒聚比邻。盛年不重来，一日难再晨；及时当勉励，岁月不待人。

——《杂诗十二首·其一》

/品思解读/

精力充沛的年岁不会重新来过，就像一天内看不到第二次日出。应当在年富力强之时，勉励自己及时努力，因为岁月流逝，是不会停下来等人的。这是陶渊明辞官归隐后，在劳动生活中所领悟的道理，被他记录在了《杂诗十二首》中。

/写作运用/

写作主题：惜时　勤学　奋斗　生命意义

写作示范：对于那些奋斗在科研第一线的人来说，他们深知"盛年不重来，一日难再晨。及时当勉励，岁月不待人"的道理，所以他们珍惜每分每秒，把自己的生命奉献在伟大的科学研究中。

|落笔生花|

盛年不重来，一日难再晨。及时当勉励，岁月不待人。

|日有所得|

古代的年龄称谓

古时候的人们一般不用具体数字表示年龄，而是用年龄称谓来指代。这些年龄称谓大多是根据不同年龄的生理特征命名。比如，"龀（chèn）"表示小孩换牙，古代就用"始龀"来称七八岁的小孩。等过了换牙期，父母就会把他们的头发分作左右两半，在头顶各扎成一个结，就像两个羊角，所以八九岁至十三四岁又被称为"总角"。

《婴戏图》　［明］尤求

莫等闲，
白了少年头，空悲切。

/追本溯源/

怒发冲冠，凭栏处、潇潇雨歇。抬望眼、仰天长啸，壮怀激烈。三十功名尘与土，八千里路云和月。莫等闲、白了少年头，空悲切。

——《满江红·写怀》

/品思解读/

少年不要虚度年华，若等到黑发变白，只能独自悔恨悲切。这是岳飞在提醒自己要抓紧时间，早日把金兵驱逐出境，收复失地，完成抗金大业。岳飞这种急于立功报国的热忱也陶染了后世的许多人，大家纷纷用这句话来激励自己奋进向上。

/写作运用/

写作主题：惜时　勤学　人生价值　生命意义

写作示范：岳飞作诗提醒自己早日驱逐金兵，鲁迅更是把时间看作生命，将自己的一生奉献在了写作上。作为学生的我们，也要向他们看齐，抓紧时间，努力学习，莫等闲，白了少年头，空悲切。

莫等闲，白了少年头，空悲切。

"等闲"的三种意思

"等闲"的第一种意思是寻常、平常。在毛泽东的《七律·长征》一诗中就有"红军不怕远征难，万水千山只等闲"。第二种指轻易、随便。宋代朱熹在《春日》中写过"等闲识得东风面，万紫千红总是春"，翻译过来就是谁都可以看出春天的面貌，春风吹得百花开放、万紫千红，到处都是春天的景致。第三种表示无端、平白的意思。在唐代刘禹锡的《竹枝词》中有"长恨人心不如水，等闲平地起波澜"。

双螭玉环 ［宋］

一天一则名言警句·学习卷

三

jiù shū bú yàn bǎi huí dú
旧书不厌百回读，
shú dú shēn sī zǐ zì zhī
熟读深思子自知。

|追本溯源|

> 旧书不厌百回读，熟读深思子自知。
> 他年名宦恐不免，今日栖迟那可追？
>
> ——《送安惇秀才失解西归》

|品思解读|

旧书读很多回都不满足，反复阅读，仔细品味，自然就会知道其中的含义。这是苏轼安慰秀才安惇的话。二十八岁的安惇乡试落选，苏轼写了这首诗劝他不要过分在意考试的成绩，而应该去追求知识本身的价值。后来这一句也被看作是读书人读书治学的重要途径。

|写作运用|

写作主题：读书 思考 人生价值 生命意义

写作示范：旧书不厌百回读，熟读深思子自知。苏轼在读《汉书》时，第一遍学习治世之道，第二遍学习用兵之法，第三遍研究人物和官制。如此数遍之后，他对《汉书》已经胸有成竹、如数家珍了。

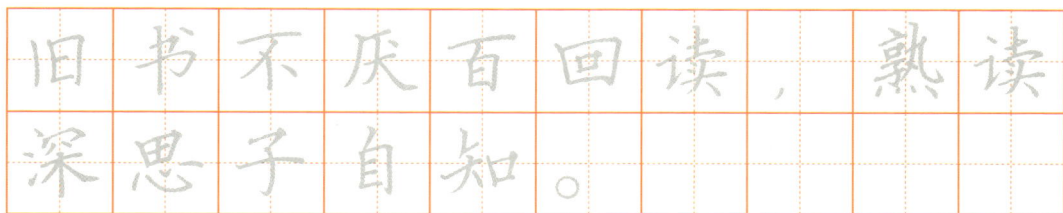

旧书不厌百回读，熟读深思子自知。

/日有所得/

宋代读书人的"三大关"

古代科举制度又称科举，是中国古代选拔官吏的考试制度。在隋唐五代时期，科举考试分为乡试和省试两级。到了北宋太祖赵匡胤时期，殿试正式成为制度，于是形成了科举取士的"三大关"。乡试一般在秋季八月举行，所以还被叫作"秋闱"。通过乡试后就可以参加第二年春天举办的省试，又称"春闱"。而最后一关的殿试，考试时间跟省试是同一年，由皇帝亲自考查。

《苏轼留带图》（局部）

[明] 崔子忠

一天一则名言警句·学习卷

知之为知之，
不知为不知，是知也。

zhī zhī wéi zhī zhī
bù zhī wéi bù zhī　shì zhì yě

|追本溯源|

子曰："由，诲女知之乎！知之为知之，不知为不知，是知也。"

——《论语》

|品思解读|

知道就是知道，不知道就是不知道，敢于承认自己的不足，不要不懂装懂，这才是一种真正的智慧。"是知也"中的"知"的意思不同于前面几个，它表示智慧、聪明。在《论语》中，孔子就曾经针对学习态度提出了具体要求，他认为学习讲究实事求是。

|写作运用|

写作主题：态度　智慧　学习　实事求是

写作示范：摆正学习的态度，诚实面对自己所不会的知识，这就是"知之为知之，不知为不知，是知也"。只有这样的态度才能帮助我们真正弄懂所学的知识，再进一步去掌握知识，最终变成自己的东西。

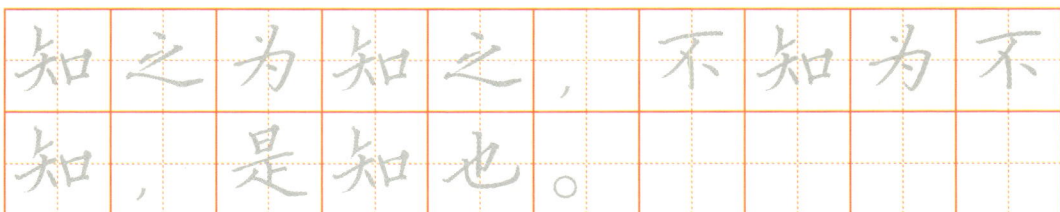

知之为知之，不知为不
知，是知也。

|日有所得|

多音字"知"

"知"有两种读音。当它读"zhī"的时候有很多种意思，比较常见的有三种。"知之为知之"里的"知"是第一种，表示知道、知晓的意思。第二种指知识，在《庄子》一书中，"吾生也有涯，而知也无涯"的"知"就是这个意思。最后一种经常被用在官职里，表示主管、管理，比如知府、知州、知县等。而当"知"读"zhì"的时候，一般是同"智"，有智慧的意思。

金文

大篆

小篆

隶书

楷书

宋体

一天一则名言警句·学习卷

敏而好学，
不耻下问。

mǐn ér hào xué
bù chǐ xià wèn

/追本溯源/

敏而好学，不耻下问，是以谓之文也。

——《论语》

/品思解读/

这里的"敏"是勤奋的意思。勤奋好学，并不以向地位、学问比自己低的人请教为耻。这是孔子回答子贡，孔圉被别人尊称为孔文子的原因。同时这也是孔子的教育观念，他也是这样要求自己弟子的。

/写作运用/

写作主题： 勤奋　好学　不耻下问

写作示范： 我们遇到问题的时候，有时是因为问题小而忽视问，有时是因为问题浅易而不屑于问，有时是因为怕失身份而耻于问。但是，我们要知道，现代社会形势多变，以前知道的不代表现在不过时，以前掌握的不代表现在还能用。无论一个人的成就有多高，唯有秉持一颗"敏而好学，不耻下问"的心，才能紧跟潮流，革新除弊。

敏 而 好 学 ， 不 耻 下 问 。

|日有所得|

孔圉是否配得上"孔文子"之称？

孔圉是卫国的大夫，死后被卫国国君赐予"文子"的称号，被后人尊称为"孔文子"。孔子的学生子贡却觉得孔圉配不上这个称号。原来，孔圉曾经企图以下犯上，攻打国君，还不顾女儿的幸福，先后把女儿嫁给卫国的太叔疾和太叔遗。子贡觉得这些行为都不符合当时的礼法。但孔子告诉子贡，"文子"这个称号赞扬的是孔圉从小勤奋好学、谦虚好问的学习态度。

者减钟　　［春秋］

一天一则名言警句·学习卷

囊萤映雪

晋代的车胤从小好学不倦，但因家境贫困，父亲无法为他提供良好的学习环境。因为没钱买灯油，车胤只能白天看书学习。

夏天的一个晚上，他正在院子里背一篇文章，忽然看见许多萤火虫在低空中飞舞。一闪一闪的光点，在黑暗中显得有些耀眼。他想，如果把许多萤火虫集中在一起，不就成为一盏灯了吗？于是，他去找了一只白绢口袋，随即抓了几十只萤火虫放在里面，再扎住袋口，把它吊起来。虽然不怎么明亮，但也勉强可以用来看书了。从此，只要有萤火虫，他就去抓一把来当作灯用。由于他勤学苦练，后来终于做了职位很高的官。

同朝代的孙康情况也是如此。由于没钱买灯油，晚上不能看书，只能早早睡觉。他觉得让时间这样白白浪费掉，非常可惜。

一天半夜，他从睡梦中醒来，把头侧向窗户时，发现窗缝里透进一丝光亮。原来，那是大雪反射出的光亮。孙康想到可以利用它来看书。于是他倦意顿失，立即穿好衣服，取出书籍，来到屋外。宽阔的大地上映出的雪光，比屋里要亮多了。孙康不顾寒冷，立即看起书来。手脚冻僵了，他就起身跑一跑，同时搓搓手。此后，每逢有雪的晚上，他都不放过这个好机会，孜孜不倦地读书。这种苦学的精神，促使他的学识突飞猛进，他最终成为饱学之士。

一、查查资料，结合所学知识，将下列称谓和对应的年龄连起来。

始龀　　　　　一百岁

总角　　　　　四十岁

豆蔻　　　　　七八岁

弱冠　　　　　七十岁

不惑　　　　　二十岁

古稀　　　　　八九岁至十三四岁

期颐　　　　　十三四岁至十五六岁

二、选出下列诗句中"等闲"所表示的意思。

A. 平常　　　　　B. 轻易　　　　　C. 无端

1. 红军不怕远征难，万水千山只等闲。　　_____

2. 等闲识得东风面，万紫千红总是春。　　_____

3. 长恨人心不如水，等闲平地起波澜。　　_____

三、从下列选出"知"的金文，打"√"。

（　　）　　　　　（　　）　　　　　（　　）

默而识之，
学而不厌，诲人不倦。

<small>mò ér zhì zhī</small>

<small>xué ér bú yàn   huì rén bú juàn</small>

/追本溯源/

默而识之，学而不厌，诲人不倦，何有于我哉？

——《论语》

/品思解读/

"识"同"志"，是记住的意思。把所学的知识默默地记在心中，勤奋学习而不满足，教导别人而不倦怠。孔子曾经从这三个方面来强调学习，首先要有严谨的态度，其次要有永不满足的求知欲，最后就是学以致用，把学到的知识转化成自己的东西。

/写作运用/

写作主题： 方法　求知　勤学

写作示范： 学习不仅是学生的事，更是教师提升能力的主要途径。"默而识之，学而不厌，诲人不倦"也正是新时代下对教师的要求。一位优秀的教师必然得通过学习不断地更新知识，这样在教导学生的时候就能得心应手，不会感到疲倦。

默而识之，学而不厌，
诲人不倦。

多音字"识"知多少

　　古代"识"的意思各不相同，一般可以按照读音分为两大类。当"识"读"shí"时，有知道、懂得、意识的含义。在陶渊明《桃花源诗》中就有"草荣识节和"，意思是草木茂盛，让人意识到春天已经来临。除此之外，"识"还有"认识"的意思，《别董大》中，"莫愁前路无知己，天下谁人不识君"的"识"就可以这样理解。而在《乐府诗集·陌上桑》中，"何用识夫婿？白马从骊驹"的"识"表示感觉、识别。"识"读"zhì"时，除了"默而识之"中的用法外，还表示旗帜，同"帜"，有标记的意思。

《闹学顽戏》（局部）　［清］佚名

一天一则名言警句·学习卷

我非生而知之者，
wǒ fēi shēng ér zhī zhī zhě

好古，敏以求之者也。
hào gǔ mǐn yǐ qiú zhī zhě yě

/追本溯源/

子曰："我非生而知之者，好古，敏以求之者也。"

——《论语》

/品思解读/

这里的"古"指的是古代文化。孔子说："我并不是生下来就有知识的人，只不过是因为我爱好古代文化，所以勉力去探求它罢了。"孔子的这句话告诉我们，学习的动力源于兴趣。有了兴趣，再坚持不懈地探索，最终我们会学到丰富的知识，获得思想的启迪。

/写作运用/

写作主题：兴趣　探索　勤学

写作示范：古人云："我非生而知之者，好古，敏以求之者也。"兴趣给予我们不断前进的动力。因为对知识的渴求，科研人员能够在实验室待上几天几夜，只为得到一个准确的数据；因为对学习的兴趣，我们也曾废寝忘食，只为解出困扰我们许久的难题。

我非生而知之者，好古，
敏以求之者也。

孔子的师父们

孔子，是我国春秋时期著名的思想家、教育家、政治家，也是我国儒家学说的创始人。这样一位被我们称为"圣人"的先贤，他的师父可不止一位。除了郯国国君郯子、精于乐理的卿大夫苌弘、著名乐官师襄和道家学派创始人老子等，还有一位叫项橐的七岁儿童。怎么还有七岁儿童呢？原来是因为项橐在和孔子对答时三难孔子，孔子愿赌服输，然后拜他为师。看得出来，凡是能够让孔子有所学的人，他都会虚心求教，也怪不得他的学识这么渊博了！

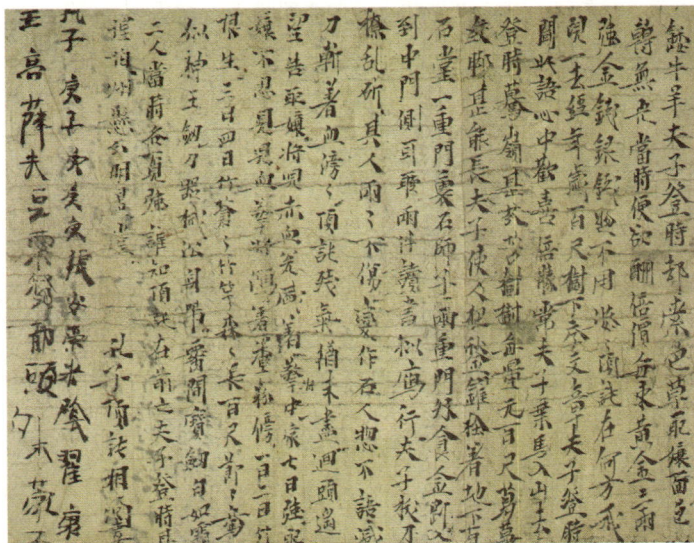

孔子项托相问书一卷手稿（局部）　佚名

一天一则名言警句·学习卷

学如不及，
xué rú bù jí

犹恐失之。
yóu kǒng shī zhī

/追本溯源/

子曰："学如不及，犹恐失之。"

——《论语》

/品思解读/

学习时好像在追赶什么，总怕赶不上，赶上了又怕被甩掉。前一句形容开始求学时，那种奋发向上的紧迫感；后一句形容害怕忘掉知识的恐惧感。这句话告诫我们初学之时要发愤，学有所得后不能自满，而应该时时温习。

/写作运用/

写作主题：主动　积极　进取　勤学

写作示范：只有不断地前进，才能一步一步地到达胜利的终点。因此我们要时刻保持学习的脚步，孜孜不倦地学习，努力提升自己。学如不及，犹恐失之，学习的脚步一旦停下，就会不进反退，前功尽弃。

学如不及，犹恐失之。

古代著名的学习"狠人"

在封建制度统治下的古代，平民百姓要想改变自己的命运，就只有学习一条路。而在那么多的读书人中，有两位著名的学习"狠人"。一个是东汉时期的孙敬，他用一根绳子绑住自己的头发，再把绳子另一头绑在房梁上，这样一打瞌睡就会被疼醒。另一个是战国年间的苏秦，因为被亲人瞧不起，所以他发愤读书，困了就直接用锥子扎自己的大腿。

《十八学士图》（局部）　［宋］刘松年

一天一则名言警句·学习卷

四

wú cháng zhōng rì bù shí　zhōng yè bù qǐn
吾尝终日不食，终夜不寝，

yǐ sī　wú yì　bù rú xué yě
以思，无益，不如学也。

|追本溯源|

子曰："吾尝终日不食、终夜不寝以思，无益，不如学也。"

——《论语》

|品思解读|

"我曾经整天不吃饭，整夜不睡觉，就只是一个人思索，但是最终发现没有一点益处，还不如去学习。"这是孔子对弟子说的话。通过孔子的前车之鉴，我们可以知道学和思都是学习中不可或缺的要素。学习和实践是思考的基础，如果没有学习就去思考，到头来，只会是缺乏事实依据的空想。

|写作运用|

写作主题：积累　勤学　躬行

写作示范：要想学有所成，唯有迈出学习的步伐，真正地付诸实践。就连圣人孔子也曾说过："吾尝终日不食，终夜不寝，以思，无益，不如学也。"我们还有什么理由继续空想，不去学习呢？

056

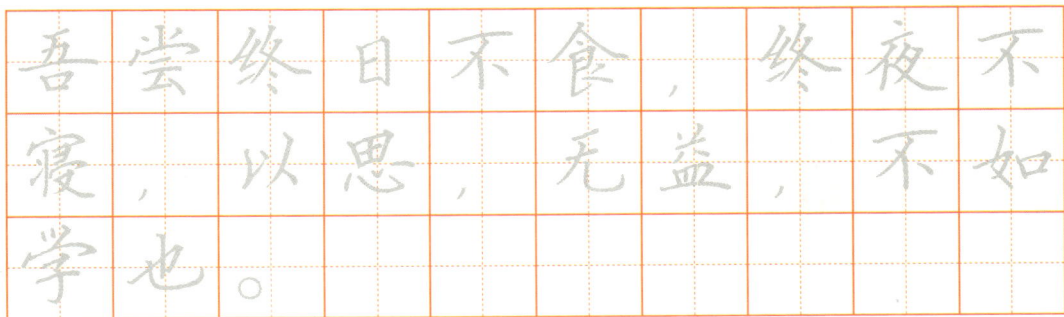

吾尝终日不食，终夜不
寝，以思，无益，不如
学也。

古代的枕头花样多

　　自古以来，吃饭和睡觉就是人生中最重要的两件事。说到睡觉，一个舒适的枕头能够帮助我们拥有更好的睡眠体验。在原始时期，人们就已经会用石头或者捆起来的草束垫在头下。等到战国时期，就有了竹枕。而在李时珍《本草纲目》一书中出现了以清火、去热为目的的"药枕"，也就是在枕头内部放药。除此之外，还有玉枕、藤枕、瓷枕等。尤其是唐代的瓷枕，上面不仅描画了各种惟妙惟肖的山水，还有"清凉沁肤、爽身怡神"的作用。

瓷枕　［宋］

一天一则名言警句·学习卷

五

读书有三到，
dú shū yǒu sān dào

谓心到、眼到、口到。
wèi xīn dào yǎn dào kǒu dào

|追本溯源|

余尝谓读书有三到：谓心到、眼到、口到。

——《童蒙须知》

|品思解读|

读书要专一，做到三位一体，分别是用心思考、用眼细看、大声朗读。这是南宋教育家朱熹在他的《童蒙须知》中提到的读书方法。读书时要全神贯注，身体力行，看的同时在心里默念，最好能读出声来，有些文章甚至还要大声地、有感情地朗读。

|写作运用|

写作主题：方法　学习　专注　读书

写作示范：读书有三到，谓心到、眼到、口到。在读书的时候，我们一定要聚精会神，心、眼、口缺一不可。通过这样的方法去阅读、学习，就会达到事半功倍的效果，从而更快地到达胜利的终点，取得成功。

《童蒙须知》

　　《童蒙须知》又被叫作《训学斋规》，是南宋学者朱熹写的一篇启蒙读物。《童蒙须知》是朱熹结合自身经验，把比较繁难的儒学思想转化成易于儿童理解的通俗易懂的内容。《童蒙须知》一共分为衣服冠履、言语步趋、洒扫涓洁、读书楔子、杂细事宜五个部分，分别从生活起居、学习、道德行为、礼节等方面对儿童作了具体要求。

《朱熹像》 ［宋］佚名

一天一则名言警句·学习卷

"三余"读书

三国时期，魏国有一个人叫董遇。他家境贫苦，整天为了生活而奔波。但是，他只要一有空闲时间，就坐下来读书学习，所以知识很渊博。他的哥哥讥笑他，他并不在乎。后来，他写了两本书并引起了轰动。别人问他读书有什么窍门，他说："书读百遍，其义自见。"别人又问他哪里有时间把书读这么多遍，董遇告诉他们要利用"三余"时间。冬天，没有多少农活，所以是一年中空闲下来的时间；夜晚，不必下地劳动，这是一天中空闲下来的时间；雨天，不方便出门干活，也是空闲下来的时间。人们听了，恍然大悟，原来董遇就是这样利用时间来读书学习的。

韦编三绝

春秋时期，大部分的书都是写在用竹子做成的竹简上。一根竹简最多也就写几十个字，要想写完一本书就需要用到很多竹简，再通过绳子编连在一起。通常，用丝线编连的叫"丝编"，用麻绳编连的叫"绳编"，而"韦编"是指用熟牛皮绳编连的。熟牛皮绳最结实，用它编连起来的书往往不容易散落。

孔子在晚年的时候喜欢读《周易》，他反反复复把这本书完整地读了好几遍。《周易》是用熟牛皮绳编连起来，当时的人认为，像孔子这样读来读去，反复翻看，那书的牛皮绳肯定断过好几次。由此衍生出"韦编三绝"这个成语，形容人读书刻苦、勤奋。

学以致用

一、按照朱熹的读书方法，选出我们在读书时需要用到的器官，打
"√"。

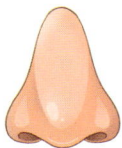

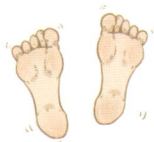

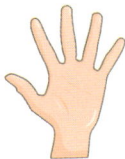

二、选出下列诗句中"识"的意思。

A. 懂得　　　　　B. 认识　　　　　C. 识别

1. 莫愁前路无知己，天下谁人不识君。　　　　_____

2. 何用识夫婿？白马从骊驹。　　　　_____

3. 草荣识节和，木衰知风厉。　　　　_____

三、判断下列说法是否正确。

1. 孔子是项橐的师父。　　　　（　　）

2. 孙敬为了不让自己睡着，用锥子扎自己的大腿。　　（　　）

3. 古代有玉枕、藤枕、瓷枕，但是没有竹枕。　　（　　）

一

wèn qú nǎ dé qīng rú xǔ
问渠那得清如许？
wèi yǒu yuán tóu huó shuǐ lái
为有源头活水来。

|追本溯源|

半亩方塘一鉴开，天光云影共徘徊。

问渠那得清如许？为有源头活水来。

——《观书有感二首·其一》

|品思解读|

　　要问为什么方塘的水会如此清澈？是由于有永不枯竭的源头为它源源不断地输送活水。这是朱熹在他的《观书有感》中，通过描绘自己"观书"时的感受，揭示要想进步就要不断接受新事物的哲理。借水比喻人的思想境界，人要想心灵澄明，就要认真读书，不断学习新知识。

|写作运用|

　　写作主题：新知　思想　学习　进步

　　写作示范：要想时刻保持自己思想的活跃和进步，就必须通过不断地学习来获取新知。问渠那得清如许？为有源头活水来。只有新的知识才能带给我们和从前不一样的体验，从而激发新的灵感。

问渠那得清如许？为有源头活水来。

夏禹的防洪措施

上古时代以来，人们陆续在黄河、长江的中下游定居，并开始农耕、畜牧。因为靠近河流，人们经常会遇到洪水，生活受到严重威胁。为了解决这个问题，禹开凿了许多水沟、水渠，既能够排水，又能蓄水用以灌溉，还可以作为蓄养牲畜的饮用水。除了开沟挖渠，禹还在伯益的帮助下，开凿了水井，进一步改善了大家的饮水问题。

《缂丝御题周文矩大禹治水图轴》（局部）　［清］佚名

二

以立意为宗，不以能文为本。

yǐ lì yì wéi zōng

bù yǐ néng wén wéi běn

|追本溯源|

老庄之作，管孟之流，盖以立意为宗，不以能文为本。

——《文选》

|品思解读|

写文章应以确立意旨为宗旨，不能以擅长文采为根本。这是南朝梁太子萧统在他主持编撰的《文选》中，提到的关于写作的要求。萧统认为写文章要讲究立意，也就是把握文章的主题思想。用华丽辞藻堆砌出来的文章终归华而不实，没有灵魂。

|写作运用|

写作主题：写作　勤学　立意　方法

写作示范：自古以来，写作就"以立意为宗，不以能文为本"。骆宾王在《咏鹅》中仅用"白""绿""红"三个字就将画面渲染得淋漓尽致；《静夜思》中的"抬头""低头"两个动作，让李白思乡的形象跃然纸上。它们都没有华丽的辞藻，却让我们感受到了鹅泛水面的灵动以及诗人的思乡之情。

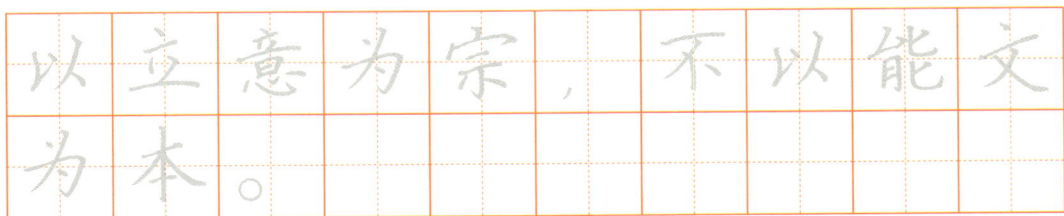

以立意为宗，不以能文
为本。

古代的八股文

古代的八股文又叫作八比文、时文等，是明清科举考试中作答的文体。八股文指文章的八个部分，因为起股、中股、后股和束股四个部分又各有两股排比对偶的文字，合起来就是八股。八股文的写作内容与现在的议论文比较接近，都讲究逻辑，要求先摆出鲜明的观点，然后结合观点进行论证，最后进行总结。两者最大的区别在于八股文以"四书五经"中的原文作为题目，而议论文的主题比较广。

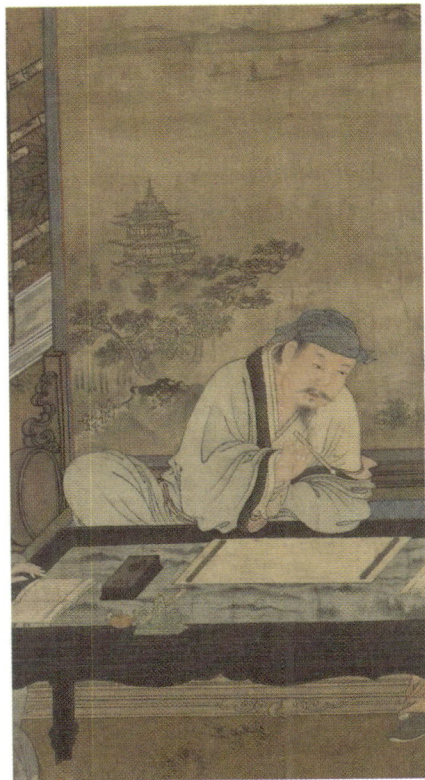

《十八学士图》（局部） ［宋］ 佚名

一天一则名言警句·学习卷

三

shào zhuàng bù nǔ lì
少壮不努力，

lǎo dà tú shāng bēi
老大徒伤悲。

|追本溯源|

青青园中葵，朝露待日晞。阳春布德泽，万物生光辉。
常恐秋节至，焜黄华叶衰。百川东到海，何时复西归？
少壮不努力，老大徒伤悲。

——《长歌行》

|品思解读|

如果不趁着风华正茂的时候努力拼搏，等到老了之后就只有悔恨了。这是被收录在汉乐府中的一首诗。当时，许多文人都是写诗哀叹人生的短暂，鼓吹及时行乐。但这首诗却反其道而行之，鼓励人们要珍惜时间，及时努力。

|写作运用|

写作主题： 惜时　勤学　努力　感悟　生命意义

写作示范： 鲜花凋谢了，等到来年春天还会重新绽放；燕子飞走了，等到来年春天也会飞回来，但匆匆流逝的时间，一去不复返。少壮不努力，老大徒伤悲。我们要做时间的主人，利用有限的时间去做有意义的事，千万别等到老了之后才来感叹自己蹉跎了时光。

少 壮 不 努 力 ， 老 大 徒 伤 悲 。

古代家中的老大叫什么？

在古代，一家中的老大称为"伯"。东汉《释名》中讲到，"伯，把也，把持家政也"，意思是在宗法社会里，常以长子继父位当家或把持朝政。值得注意的是，"孟"也可以被用来表示一家中的老大，只不过有几种不同的说法。一种说法认为，"伯"表示的是正妻所生的长子，而侧室或妾所生的长子则用"孟"表示；第二种是说在东周时期，"伯"表示长子，"孟"表示长女。到了唐代，经学家孔颖达认为"伯"和"孟"并没有嫡庶的差异，两者可以随意使用。而除了老大外，老二、老三和老四分别可以用"仲""叔""季"来表示。

《葵石蛱蝶图》　［明］戴进

一天一则名言警句·学习卷

067

读书须用意，
一字值千金。

dú shū xū yòng yì
yí zì zhí qiān jīn

/追本溯源/

运去金成铁，时来铁似金。读书须用意，一字值千金。

——《增广贤文》

/品思解读/

要想文采出众、一字千金，就得在读书时下一番苦功夫。经典作品往往都是作者反复斟酌，一字一句写成的，其中蕴含丰富的情感。而作为阅读经典作品的读者，要去认真体会每一个词句的心境、用意，从字里行间去领会作者的良苦用心。

/写作运用/

写作主题：读书　勤学　专心　方法

写作示范：读书时切忌一目十行，囫囵吞枣。须知"读书须用意，一字值千金"，只有逐字逐句地把内容理解透彻，在平时写作及运用的时候才能够利用我们所学的内容，真正做到理论联系实际。

读书须用意，一字值千
金。

"一字千金"的由来

　　"一字千金"经常被用来称赞诗文精妙，价值极高，也指书法作品的珍贵。这个成语与吕不韦和《吕氏春秋》有关。吕不韦是春秋战国时期秦国的相国，《吕氏春秋》则是吕不韦收录的手下文人学士写下的所见所闻。吕不韦认为《吕氏春秋》的内容已经囊括了从古至今天地万物的所有事，堪称一部奇书，就把它张贴在咸阳集市的门口，还在上边悬挂千金，邀请诸国的游士宾客来评阅。他表示如果有人能在书中增加或减去一个字，这一千金就赏给他。

《秋窗读易图》（局部）　[宋] 刘松年

一天一则名言警句·学习卷

五

mò dào jūn xíng zǎo
莫道君行早,
gèng yǒu zǎo xíng rén
更有早行人。

/追本溯源/

莫道君行早,更有早行人。莫信直中直,须防仁不仁。

——《增广贤文》

/品思解读/

别说自己出发得早,还有比我们更早的人。现在经常用来形容某件事已经被别人抢先下手了。在学习的道路上,亦是如此。当我们自满于自己所掌握的知识时,别人已经踏上了新的征程。要想不被远远地甩到后面,我们就要抓紧时间,趁早努力。

/写作运用/

写作主题: 惜时　努力　勤学　戒骄

写作示范: 莫道君行早,更有早行人。通往成功的道路上从来没有什么捷径可言,有的只是先人一步去努力、去实践。这个世界上有许多比我们更加努力的人,所以我们要时刻保持谦虚的态度,别轻易停下学习的脚步。

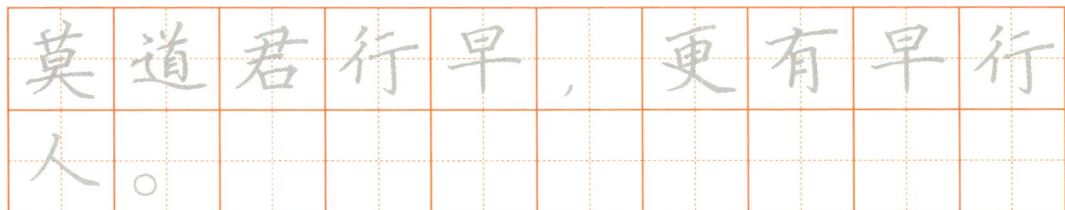

莫道君行早，更有早行人。

古代的交通运输方式——南船北马

现代的交通工具种类繁多，有火车、轮船、飞机等。但在我国古代，受当时条件的制约，交通工具就比较单一了。因为南方气候湿润，河流也比较多，所以船舶是最常见的交通工具。而在北方，因为空气干燥，草场多，所以畜牧业发达。马具有耐力好、速度快的特点，逐渐被北方人民驯化为代步工具，后来成为北方的主要交通工具。

《早秋夜泊图》 [宋]佚名

一天一则名言警句·学习卷

071

张溥 "七焚七录"

pǔ

张溥是明代文学家，其散文《五人墓碑记》是广为传诵的名篇，被收入《古文观止》。

张溥小时候资质平平，别人一会儿就能背下来的东西，他往往要读几十遍才能背下来。但是，他并不灰心。他学习非常用功，凡是读过的书一定要亲手抄写，写完朗诵一遍，把手稿烧掉，然后又重新抄写，像这样反复六七次才停止。有人问他："你为什么要这么用功呢？"他回答说："不过是用这种方法勉强背诵罢了。"

经过这样勤奋刻苦的学习，张溥写诗作文日益精进。有人来求他写文章，他连草稿也不用打，当着客人的面一挥而就，因此张溥在当时名望很高。

读书像品酒

韩愈在洛阳求学期间，一直过着清贫的读书生活。除了吃饭，他的大部分时间都用来读书。有时候，韩愈读书入了迷，要到半夜三更的时候才睡觉。

一次，韩愈和朋友们聚在一起谈论文章。韩愈心直口快地说："这读书就像品酒一样。好文章读起来，让人觉得痛快。那差的文章，比如骈体文，死板得很，读了让人憋气难受。"

后来，韩愈成了大学问家，积极倡导人们学习先秦、两汉时期的散文，反对束缚人的骈体文，成为"古文运动"的领导者。

一、判断下列名言的用法是否合适。

    1．我也想像妈妈一样，什么都会，妈妈微笑着告诉我："'问渠那得清如许？为有源头活水来。'那是因为我每天都坚持看书，所以才会源源不断地获取新的知识呀！"

    2．小红向老师请教学习文言文的方法，老师告诉她："'读书须用意，一字值千金。'文言文中有很多字的意思与现在的意思不同，要细心一点。"

二、判断下列说法是否正确。

    1．《吕氏春秋》是吕不韦所写。

    2．在古代，北方以马作为交通运输工具，而南方则是船。

    3．古代的八股文与我们现在的记叙文一样。

三、三国时期的孙坚有五个儿子，其中四个儿子的字就是按照"伯仲叔季"的顺序取的。查查资料，先了解清楚他们的排行，再把字补充完整。

孙权 字 □ 谋   孙策 字 □ 符

孙匡 字 □ 佐   孙翊 字 □ 弼

听君一席话，
胜读十年书。

tīng jūn yì xí huà
shèng dú shí nián shū

|追本溯源|

同君一夜话，胜读十年书。人不通古今，马牛而襟裾。

——《增广贤文》

|品思解读|

这里的"君"不是指帝王，而是"你"的意思。"听了你的一番言论，比读了十年书还有用。"这句话后来常被用来比喻与对方交谈的时间虽然很短，但是受益很大。埋头苦读固然重要，但也少不了要多倾听良师的教诲。一位良师，能够带给我们的不仅仅只是知识的升华，更是思想的启迪。

|写作运用|

写作主题：读书　勤学　良师　教诲　生命意义

写作示范：听君一席话，胜读十年书。书能拓展我们的视野，但别人的经验之谈也能为我们在将来的实践中提供不少帮助。这可能来自与老师的一番谈话，也可能是和父母的一次交心，多听取别人的意见，能够让我们少走许多弯路。

| 听 | 君 | 一 | 席 | 话 | ， | 胜 | 读 | 十 | 年 |
| 书 | 。 | | | | | | | | |

/日有所得/

古代的避暑"神器"——凉席

"听君一席话"中的"席"是量词，表示所说的话语。除此之外，"席"主要指古代的坐卧铺垫用具——凉席。尤其是到了夏天，人们避暑措施里没有开风扇、空调的选项，凉席就成了他们最佳的避暑"神器"。古代的凉席通常由蒲草、芦苇、竹篾等材料制成，其中竹篾最为常见。竹篾制作的凉席质地清凉、舒适宜人，祛暑降温的效果也格外明显。除此之外，还有用牛、虎、熊之类的兽皮做的凉席，在清凉消暑的同时还能起到透气吸汗的作用。

《明皇避暑宫图》
[宋] 郭忠恕

一天一则名言警句·学习卷

075

shū dào yòng shí fāng hèn shǎo

书到用时方恨少，

shì fēi jīng guò bù zhī nán

事非经过不知难。

/追本溯源/

书到用时方恨少，事非经过不知难。

——民间俗语

/品思解读/

只有到实际运用知识的时候才恨自己读书读得太少了，事情如果没有亲身经历就不知道其中的艰难。这句强调的是学习的重要性，要求把理论与实际结合。无论做什么事，都必须要自己实际操作后才能够深入领会，光"学"不"行"终是无益。

/写作运用/

写作主题：积累　勤学　躬行　人生价值　生命意义

写作示范：在学习中，我们应时刻保持谦虚的心态。要知道，"书到用时方恨少，事非经过不知难"。我们无法得知自己在未来的学习中会遇到怎样的难题，但是我们可以从现在就开始勤学不辍，努力学习更多的知识。

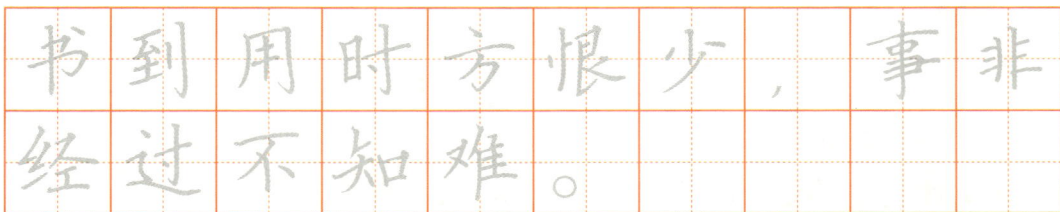

书 到 用 时 方 恨 少 ， 事 非
经 过 不 知 难 。

中国现存最古老的藏书楼——天一阁

天一阁是明朝兵部右侍郎范钦建在自家住宅东面的一座书楼。范钦家原本有个"东明草堂"专供藏书，后来装不下了，就建了这座天一阁。据说，天一阁在当时的藏书就有七万多卷。到了现在，天一阁也被人们誉为中国现存最古老的私人藏书楼。

《梧竹书堂图》

［明］仇英

一天一则名言警句·学习卷

三

shéi dào rén shēng wú zài shào
谁道人生无再少？

mén qián liú shuǐ shàng néng xī　　xiū jiāng bái fà chàng huáng jī
门前流水尚能西！休将白发唱黄鸡。

/追本溯源/

山下兰芽短浸溪，松间沙路净无泥。萧萧暮雨子规啼。

谁道人生无再少？门前流水尚能西！休将白发唱黄鸡。

——《浣溪沙》

/品思解读/

谁说人老了不能再变少年，门前的流水还能向西流。不要在老年的时候，感叹时光流逝，独自为衰老哀伤。因为黄鸡每天早上会报晓，所以词中用黄鸡来比喻时光流逝。苏轼认为即使年老了，也不应有"黄鸡催晓"的衰颓心态，而应该抱着积极乐观的态度看待。

/写作运用/

写作主题：惜时　勤学　躬行　积极

写作示范：爸爸觉得自己辜负了从前的大好年华，现在想做点什么也有心无力。我鼓励他："'谁道人生无再少？门前流水尚能西！休将白发唱黄鸡。'现在开始努力，一切都不晚。"爸爸听了我的话后，立马给自己安排了课程，打算跟我一起学习！

谁道人生无再少？门前
流水尚能西！休将白发
唱黄鸡。

母鸡为什么可以变成公鸡呢？

自然界中有部分生物，为了种族能够延续下去，会发生性逆转，鸡就是其中之一。每当鸡群中没有公鸡时，就会有一只母鸡发生性逆转。这个时候的母鸡不会再分泌雌性激素，转而开始分泌雄性激素。而随着雄性激素水平大幅上升，母鸡的外观也会发生改变。比如长出鸡冠或新的羽毛，会打鸣，总之就是具备了公鸡的一切习性。

《鸡图》 ［明］佚名

一天一则名言警句·学习卷

079

青，取之于蓝，而青于蓝。

|追本溯源|

青，取之于蓝而青于蓝；冰，水为之而寒于水。

——《荀子》

|品思解读|

"青"指靛青，"蓝"指蓼蓝之类可作染料的草。靛青是从蓼蓝里提炼出来的，但颜色比蓼蓝还要青。荀子通过印染这一事例，向世人说明了世间万物总是不断变化、发展和前进的。学习也一样，在学习的过程中我们总会向老师、先人学习，而在这个过程中，学生也能超过老师或是胜过先人。

|写作运用|

写作主题：坚持　勤学　传承　发展　钻研

写作示范：达·芬奇早年间求学于著名画家佛罗基奥，通过学习，最终他的艺术成就超过了他的师父；李小龙师从叶问，学习咏春拳术，为之后创立截拳道奠定了基础，最终成为一代武术宗师，并因为开拓了功夫片这一电影题材而扬名国际，也提升了叶问的名气。青，取之于蓝，而青于蓝，只要我们坚持下去，也可以超越前人。

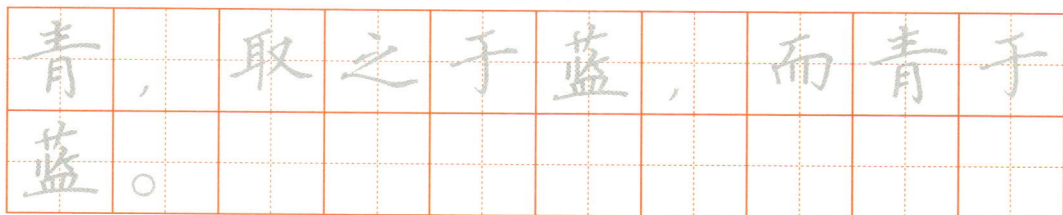

青，取之于蓝，而青于蓝。

古代最早的染色植物——蓝草

在我国古代，利用植物染料是当时染色工艺的主流。据记载，"青，取之于蓝而青于蓝"中提到的蓝草，最早就是被用来染色的。早在周朝以前，我国就已经开始栽种蓝草，只不过蓝草的采摘受到季节的限制；直到春秋战国时期，出现了"蓝靛"制造技术，就是把蓝草加工成"蓝靛"，"蓝靛"比蓝草更容易保存，使得这个制作染料的技法得以流传。明清时期，百姓对蓝靛的需求极大，大大刺激了蓝草在全国的种植。当时的福建因大片种植蓝草，有"福州而南，蓝甲天下"一说。

一天一则名言警句·学习卷

妙法莲华经安乐行品第十四乐（局部）　［唐］佚名

图中的经文用唐代楷书书写，是写在靛蓝纸上的。

五

dú xué ér wú yǒu
独学而无友，
zé gū lòu ér guǎ wén
则孤陋而寡闻。

|追本溯源|

杂施而不孙，则坏乱而不修；独学而无友，则孤陋而寡闻。

——《礼记》

|品思解读|

独自学习，不跟朋友进行交流，会限制学识增长，让自己的眼界越来越狭隘。一个人学习若是少了与外部的交流，那么只能称之为"读死书"。朋友是我们了解外部世界的桥梁，也是我们不断完善自己的标尺，我们要和朋友共同学习，集思广益。

|写作运用|

写作主题：沟通　勤学　合作　进取

写作示范：知识就是在同他人交流的过程中得以加深的。比起沉默寡言，我们更应该敞开心扉，多去跟人交流。俗语说，独学而无友，则孤陋而寡闻。在相互切磋间，我们可以接触到他人的思想并取长补短，最终获得更加全面的认识。

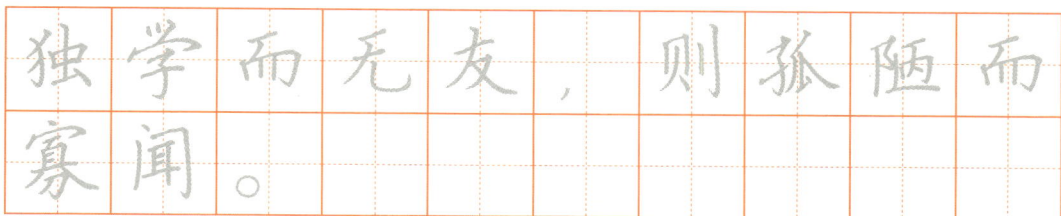

独 学 而 无 友 ， 则 孤 陋 而
寡 闻 。

|日有所得|

古代"闻"的意思

"闻"由"门"和"耳"组成，表示"门里面的耳朵听到了"，指听到心里去了。《大学》"心不在焉，视而不见，听而不闻"中，"闻"就是这个意思。除此之外，"闻"还有其他含义。如《孟子·滕文公上》"闻君行仁政"中，"闻"有听说、知道的含义。如《韩非子·十过》"共王驾而自往，入其幄中，闻酒臭而还"中，"闻"有嗅、嗅到的意思。而在"孤陋寡闻"这个成语里，"闻"则表示见闻、知识。

《松荫谈道图》 ［宋］佚名

一天一则名言警句·学习卷

口若悬河

晋代的郭象是一位大学问家。他小时候就非常好学，又善于观察，喜欢思考。由于他的知识很丰富，所以他对什么事情都能说得头头是道；再加上他的口才很好，人们听他谈论时都觉得津津有味。当时有一位叫王衍的太尉也十分欣赏郭象的口才，常常在别人面前赞扬郭象："听郭象说话，就好像一条倒悬起来的河流，滔滔不绝地往下灌注，永远没有枯竭的时候。"后来，人们就用"口若悬河"来形容人谈吐流利，能言善辩。

子路、曾皙、冉有、公西华侍坐

子路、曾皙、冉有、公西华四个人都是孔子的弟子。有一天，他们与孔子一起坐着，孔子问他们每个人的志向。

子路率先回答。他假设了一个拥有一千辆兵车的国家，夹在大国之间，正遭遇外敌的侵犯，又赶上饥荒。子路认为把这样一个国家交给他去治理，只要三年他就可以使国人勇敢善战，而且懂得做人的道理。轮到冉有，他也假设了一个纵横六七十里的国家，并表示如果让他去治理，三年就可以使老百姓富足起来。至于振兴礼乐教化，那就只有等待贤人君子了。然后是公西华，公西华表示自己愿意担任宗庙祭祀的工作，穿戴着礼服与礼帽，做一个小小的赞礼人。正在弹琴的曾皙直起身来，回答说："我和他们三人的才能不同。"孔子说："那有什么关系呢？不过是各自谈谈自己的志向。"曾皙说："我的志向就是在暮春时节，天气暖和了，和五六位成年人，六七个少年穿着春天的衣服，到沂河里洗澡，再到舞雩台上吹吹风，最后唱着歌走回家。"孔子长叹一声说："我赞成曾皙的想法呀！"

一、在自然界中，除了母鸡之外，还有一些动物也能够改变性别。查查资料，判断下面的动物是否可以改变性别。能的打"√"，不能的打"×"。

小丑鱼 ☐   黄鳝 ☐   海马 ☐

二、判断下列说法是否正确。

1．中国现存最古老的藏书楼是东明草堂。☐

2．古人会用老虎的兽皮做凉席。☐

3．古代最早的染色植物是蓝草。☐

三、选一选，把下面的志向跟对应的人匹配起来。

A．公西华   B．冉有   C．子路

1．_____说：我可以治理一个纵横六七十里的国家，带百姓们发家致富。

2．_____说：我可以让千乘之国的百姓都变得骁勇善战。

3．_____说：我应该是个挺不错的赞礼人，负责宗庙祭祀的工作。

知之者不如好之者，
好之者不如乐之者。

zhī zhī zhě bù rú hào zhī zhě
hào zhī zhě bù rú lè zhī zhě

/追本溯源/

子曰："知之者不如好之者，好之者不如乐之者。"

——《论语》

/品思解读/

懂得学习的人比不上喜爱学习的人，喜爱学习的人比不上以学习为乐的人。孔子把学习分为三层境界，分别是：知、好、乐。知指的是知道如何学习，好则指喜欢学习，而乐指的是以学习为乐。这三层境界是逐步上升的。

/写作运用/

写作主题：兴趣　勤学　爱好　寓学于趣

写作示范：有的人一学习，就觉得度日如年，每分每秒都是那么难熬；还有的人一旦投入学习中，就会忘却所有的事，孜孜不倦地汲取新的知识。知之者不如好之者，好之者不如乐之者，希望我们每个人都能够找到学习的乐趣，成为"乐之者"。

知之者不如好之者，好之者不如乐之者。

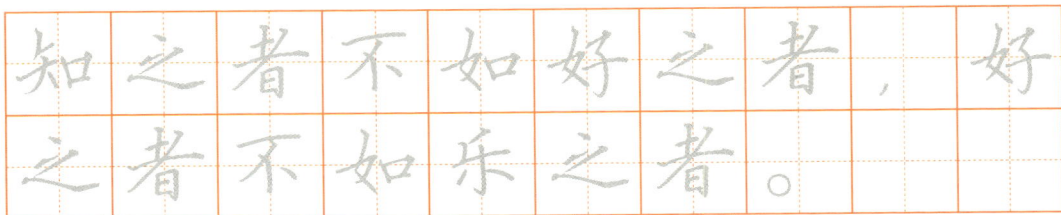

兴趣是成功的动力

从古至今，兴趣都是促使人们学习的动力。许多有所成就的人，学习的契机就是源于兴趣。被后人称为"书圣"的王羲之，从小就喜欢书法，每天都刻苦练字，甚至连吃饭、走路都想着练习，最终在自己的坚持下成为一代大书法家。而明朝著名画家唐伯虎，小时候喜欢画画，并显示了非凡的才华。拜师之后，他也毫不松懈，而是日复一日练习绘画技艺，留下了一幅幅美丽的画卷。还有潜心学医的华佗、凿壁借光的匡衡等。我们要像他们一样，坚持自己的兴趣，终会取得成功。

《乱山杂雾图》 ［明］唐寅

一天一则名言警句·学习卷

087

二

xué ér bù sī zé wǎng
学而不思则罔，
sī ér bù xué zé dài
思而不学则殆。

/追本溯源/

子曰："学而不思则罔，思而不学则殆。"

——《论语》

/品思解读/

如果只是一味地死记硬背，却不去思考和理解知识，就无法辨别真伪，更不能融会贯通，学以致用；而漫无边际地空想，从不去学习，也会让自己陷入困境而无所获。孔子认为，学习和思考同等重要，学习是思考的基础，思考是学习的深入，二者缺一不可。

/写作运用/

写作主题：读书　勤学　思考　方法

写作示范：学而不思则罔，思而不学则殆。学习和思考是我们掌握知识必不可少的两个要素。只学习不思考就会被知识操控，陷入"知其然，不知其所以然"的境地；而只思考不学习，就会产生越来越多没有价值的疑惑。我们要学会在学习的基础上进行思考。

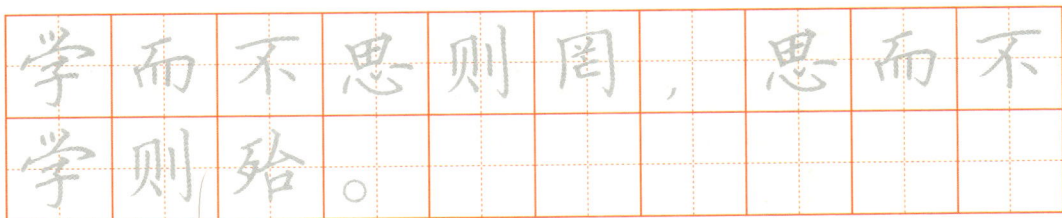

学 而 不 思 则 罔 ， 思 而 不
学 则 殆 。

/日有所得/

"殆" 的意思

"殆" 的本义是危险，它在 "知己知彼，百战不殆" 中就是这个意思。"殆" 还有困乏、疲惫的意思。《庄子·养生主》中就有 "以有涯而随无涯，殆已"，讲的是以有限去追求无限，会疲惫。而在《项脊轩志》中有 "殆有神护者"，"殆" 表示大概的意思。

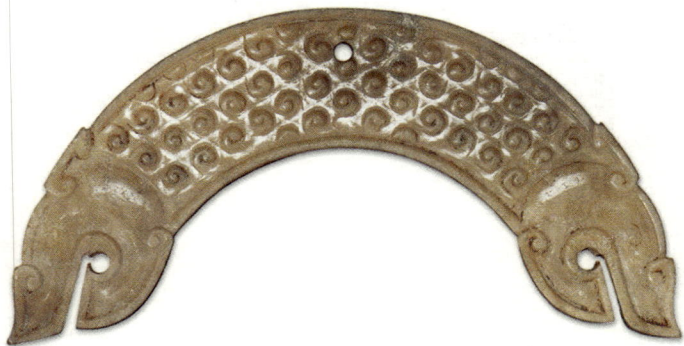

玉璜 ［战国］

一天一则名言警句·学习卷

三

bó xué ér dǔ zhì
博学而笃志，

qiè wèn ér jìn sī   rén zài qí zhōng yǐ
切问而近思，仁在其中矣。

|追本溯源|

子夏曰："博学而笃志，切问而近思，仁在其中矣。"

——《论语》

|品思解读|

"切"在这里读"qiè"，表示恳切的意思。博览群书，广泛地学习，从而坚守自己的志向，恳切地提问，多考虑当前的事情，仁德就在其中了。这是记录在《论语》中，孔子的弟子子夏曾说过的一句话，告诫人们应脚踏实地，不要好高骛远。

|写作运用|

写作主题：慎思　勤学　好问　阅读

写作示范：在学习的过程中，最忌讳的就是想得多，做得少。要知道"博学而笃志，切问而近思，仁在其中矣"。只有通过广泛的阅读，认真的思考以及坚持不懈的努力，我们才能有更深的理解，从而获得思想上的升华。

"孔门十哲"之一——卜子夏

卜子夏是春秋时期晋国人，他是孔子的学生，与伯牛、子有等人被誉为"孔门十哲"。子夏比孔子小四十多岁，他才思敏捷，以文学著称，被孔子列为"文学"科的高才生。子夏的一些见解很独到，他提出了许多不一样的观点，比如"仕而优则学，学而优则仕"。

《至圣先贤半身像册·卜子夏》　〔明〕佚名

一天一则名言警句·学习卷

091

时过然后学，则勤苦而难成。

shí guò rán hòu xué
zé qín kǔ ér nán chéng

/追本溯源/

发然后禁，则扞格而不胜；时过然后学，则勤苦而难成。

——《礼记》

/品思解读/

一旦错过了时机以后再去学习，即使再刻苦，也很难有所成就。在学习的过程中，掌握知识的速度在一定程度上会受年龄段、时段、所处环境、身体机能等因素的影响。我们要做的就是把握学习的最佳时机，不断拓展自己的视野，积累丰富的知识。

/写作运用/

写作主题：惜时　勤学　时机　关键期

写作示范：在人的一生中，青少年时代可以称得上是学习的黄金时代。古人劝学时说："少壮不努力，老大徒伤悲！"又说："莫等闲，白了少年头，空悲切。"这些都是在劝人及早学习。如果我们在该学习的年龄贪图享乐，不去用功，等真正用到知识的时候才恍然大悟，知道学习的重要性，就已经是"时过然后学，则勤苦而难成"了！

/落笔生花/

时过然后学，则勤苦而
难成。

/日有所得/

一天中学习的最佳时间

一般来说，在一天当中，有几个时间段被视作最佳的学习时间。第一个是早上起床后，适合用来背一些平时记不住的内容，比如英语单词、古诗等。第二个是放学之后，大脑处于高速运转的阶段，这个时候往往用来完成家庭作业。最后是临睡前，适合总结当天所学的内容，通过回忆进行复习。当然，因为个体的差异，每个人一天中学习的最佳时间也会有所不同，我们要做的，就是发现并利用好自己的学习时间段。

《四时花鸟图》（局部）　[明]周之冕

善问者，如攻坚木，
shàn wèn zhě   rú gōng jiān mù

先其易者，后其节目。
xiān qí yì zhě   hòu qí jié mù

/追本溯源/

善问者，如攻坚木，先其易者，后其节目，及其久也，相说以解；不善问者反此。

——《礼记》

/品思解读/

善于提问的人，就像木工砍伐木头，要先从容易的部位入手，再砍伐坚硬的关节处，等到时间一长，木头就脱落分解了。我们在提问的时候，要懂得先易后难的道理。先问简单的问题，再探究钻研难题。循序渐进，难题自然而然就会迎刃而解。

/写作运用/

写作主题： 方法　勤学　循序渐进　善问

写作示范： 学习是一个由简到难、循序渐进的过程，因此不要在一开始就挑战高难度的问题。要知道"善问者，如攻坚木，先其易者，后其节目"。学习也是如此。

善问者，如攻坚木，先
其易者，后其节目。

"锯"的发明

春秋战国时期，有一位叫鲁班的发明家，被后世土、木工匠尊称为祖师。相传，"锯"就是鲁班众多发明中的一项。"锯"被发明以前，人们伐木都是借助斧头，一天下来，伐木数量有限。后来鲁班受到茅草叶片两边小齿的启发，请铁匠师傅打制了一种边缘上带有几十片锋利小锯齿的铁片，并把这种工具命名为"锯"。"锯"的发明大大提高了伐木工作的效率。

仿古玉斧 ［明］

一天一则名言警句·学习卷

095

青蒿素之母——屠呦呦

从古至今，疟疾就一直威胁着人类的生命。幸运的是，如今，青蒿素联合疗法已经成为抗疟疾标准疗法。而随着青蒿素的问世，其研究者屠呦呦也在2015年的10月被授予诺贝尔医学奖，成为国内第一位获得诺贝尔科学类奖项的科学家。

屠呦呦从小就对医药研究抱有浓厚的兴趣。1969年，作为中国中医研究院一员的她领导课题组，利用现代医学技术，对两百多种中药开展实验研究，不断改进提取方法，历经了三百多次的失败，终于在1971年获得青蒿抗疟发掘成功。次年，她领导的课题组成功得到抗疟有效单体——青蒿素。青蒿素对各型疟疾有特效，具有"高效、速效、低毒"的优点。正是因为屠呦呦和课题组一直潜心研究，不曾有过一丝懈怠，才让那些饱受疟疾折磨的人们有了希望。

纪昌学箭

古代，一个叫纪昌的人向飞卫学习射箭。开始，飞卫跟他说："你先学会不眨眼吧。"纪昌回到家，仰卧在织布机下，眼睛注视着梭子来练习不眨眼。三年后，即使用锥尖刺纪昌的眼皮，他也不会眨眼。这时，飞卫又对他说："你还要学会看。等你能把微小的东西看得很清楚了，再来找我吧。"纪昌用牛毛系着虱子悬挂在窗户上来练习看。十天后，虱子在纪昌眼中逐渐变大；三年后，那虱子感觉像车轮一样大了。纪昌再看其他的东西，都像山那么大。纪昌搭弓射箭，射向虱子，箭穿透了虱子的中心，而拴虱子的牛毛却没有断。纪昌跑去告诉飞卫，飞卫说："你已经掌握射箭的技术了。"

学以致用

一、写出下列加点字的意思。

1．知己知彼，百战不殆。 _____

2．殆有神护者。 _____

3．以有涯随无涯，殆已。 _____

二、翻译下列名言中加点字的意思，写在方框内。

1．知 之 者 不 如 好 之 者，好 之 者 不 如 乐 之 者。

2．博 学 而 笃 志，切 问 而 近 思，仁 在 其 中 矣。

三、按照前文提到的最佳学习时间学习一天，完成了就在下面的计划表中打"√"。

计划表	
早上起床背一首古诗	
放学后立马做作业	
睡前回忆当天学习的内容	

一天一则名言警句·学习卷

其为人也，发愤忘食，乐以忘忧，不知老之将至云尔。

qí wéi rén yě，fā fèn wàng shí，lè yǐ wàng yōu，bù zhī lǎo zhī jiāng zhì yún ěr

|追本溯源|

叶公问孔子于子路，子路不对。子曰："女奚不曰，其为人也，发愤忘食，乐以忘忧，不知老之将至云尔。"

——《论语》

|品思解读|

他这个人，读书发愤用功得连吃饭都忘了，快乐得把一切忧虑也忘了，甚至连自己快要老了都不知道。当时楚国有一个叫叶公的人，他向子路询问孔子的为人，子路没有回答。孔子知道这件事后，就用这句话来形容自己。

|写作运用|

写作主题：心态　勤学　努力　生命意义

写作示范：孔子并不认为自己是圣人，他说自己"非生而知之者，好古，敏以求之者也"，又说自己"其为人也，发愤忘食，乐以忘忧，不知老之将至云尔"。孔子认为自己只是一个好学的人，正因为如此，他内心丰盈，目光坚定，时时焕发着年轻的生机，他的精神永远不会老去。

其 为 人 也 ， 发 愤 忘 食 ，
乐 以 忘 忧 ， 不 知 老 之 将
至 云 尔 。

/日有所得/

叶公好龙

"叶公好龙"中的叶公，原名沈诸梁，是春秋时期楚国的一名军事家。只是因为封地在叶邑，所以自称叶公。传说，叶公非常喜欢龙，家里到处都雕刻着龙。他的这份喜欢感动了真龙，真龙专门来见叶公，谁知道叶公反而被吓得抱头就跑。后来人们就用"叶公好龙"来比喻某人表面上喜欢某一事物，实际上并不是真正的喜欢。

《人物御龙帛画》 ［战国］佚名

xué zhě xiān yào huì yí

学者先要会疑。

/追本溯源/

学者先要会疑。

——《近思录》

/品思解读/

学问，在于学和问，要学会提出疑问，然后找出解决之法，这样才能成为博学之才。北宋教育家程颐主张教育以德育为重，强调求其意的学习方法。他认为学习的前提是弄明白文字的意思，再根据意思了解其深刻的内涵。他的这句话就是强调把学和问相结合，从而深入理解知识的内涵。

/写作运用/

写作主题：思考　勤学　质疑精神　探究

写作示范：孟子曾说"尽信书则不如无书"，告诉我们要有怀疑的精神，不要盲从或迷信。学者先要会疑。我们对于所学的知识，应当存有怀疑精神，要经过一番思考。只有常常怀疑、常常思考，我们才能提出问题，提出问题才会想办法解决问题。在不断地提出问题和解决问题中，学问才会发展起来。

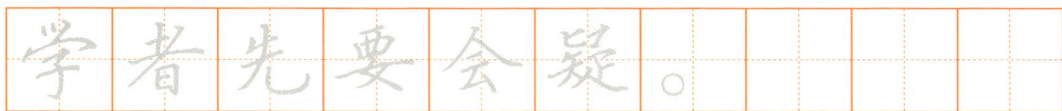

学 者 先 要 会 疑 。

理学"二程"

　　程颢、程颐两兄弟，被世人称为"二程"。他们十五六岁的时候曾向理学创始人周敦颐学习，之后建立起了自己的理学体系。他们有很多关于理的观念，如认为"万事皆出于理"，这里的理指的是自然规律。人应该顺应自然规律，不能有过多的私欲，比如饿了要吃饭，是自然规律，但如果希望饭菜好吃就是私欲。后来，这种思想被大家所推崇。

杨时金星歙石砚 ［宋］

　　程颢、程颐两兄弟是杨时的老师，杨时得到他们的真传，做出了很大的学问。宣和五年（1123），杨时被赐此砚。

一天一则名言警句·学习卷

101

三

zài kě yí ér bù yí zhě bù céng xué
在可疑而不疑者，不曾学；

xué zé xū yí
学则须疑。

/追本溯源/

可疑而不疑者不曾学，学则须疑。譬之行道者，将之南山，须问道路之出自，若安坐则何尝有疑。

——《经学理窟》

/品思解读/

在学习的时候，对应该怀疑的地方不怀疑，就等于没有学，学习必须要有怀疑的精神。北宋思想家张载通过这句话，告诫世人要有质疑精神。只有时刻以一种质疑的态度去对待所学的知识，才能把知识理解得更加透彻。光学不疑只会让自己的思维越来越僵化。

/写作运用/

写作主题：思考　勤学　质疑精神　探究

写作示范：十二岁的小学生聂利对教材中"蜜蜂靠翅膀振动发声"的知识产生了疑问，于是通过开展实验，最终得出"蜜蜂并不是靠翅膀振动发声"这一结论。在可疑而不疑者，不曾学；学则须疑。我们也要像聂利一样，在看书的过程中多去质疑，寻找答案。

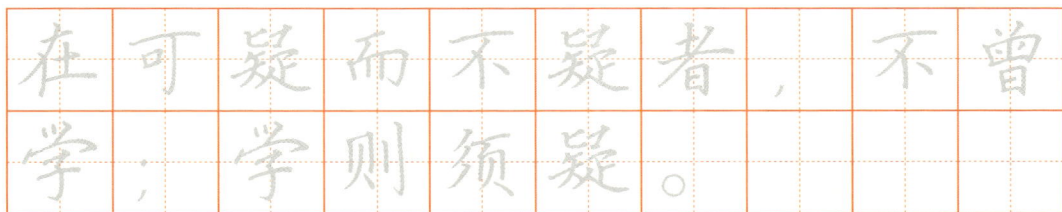

在可疑而不疑者，不曾
学；学则须疑。

/日有所得/

南山是哪座山？

　　"南山"一词在古代的诗文中经常出现，至于它到底指哪座山，其实没有一个固定的答案。如在《诗·小雅·节南山》中，"南山"指的是终南山。而到了《汉书·西域传》中，"南山"又变成了祁连山。苏轼曾写过一首诗，里面有一句"卧闻禅老入南山，净扫清风五百间"，这里的"南山"指的是南屏山。除以上这些具体的山脉外，"南山"还可以泛指南面的山。

《南山积翠图》

［清］王时敏

（四）

虽天地之大，
万物之多，而唯吾蜩翼之知。

suī tiān dì zhī dà

wàn wù zhī duō　　ér wéi wú tiáo yì zhī zhī

|追本溯源|

虽天地之大，万物之多，而唯蜩翼之知。吾不反不侧，不以万物易蜩之翼。

——《庄子》

|品思解读|

虽然天地宽广，万物繁多，但是在我心里却只注意到那只蝉的翅膀。孔子曾遇到一名有着高超的粘蝉技艺的老人，那位老人告诉孔子，他之所以有这样的技艺，是因为天地再大，万物再多，都不能动摇他对蝉的注视。

|写作运用|

写作主题：专注　勤学　坚持　熟能生巧

写作示范：在任何一个领域中，想要有所成就，除了刻苦钻研外，还要能够十年如一日地专注在学习上，万不可一心二用。虽天地之大，万物之多，而唯吾蜩翼之知。我们要用如老者专注于技艺那样的态度去对待学习。

虽天地之大，万物之多，而唯吾蜩翼之知。

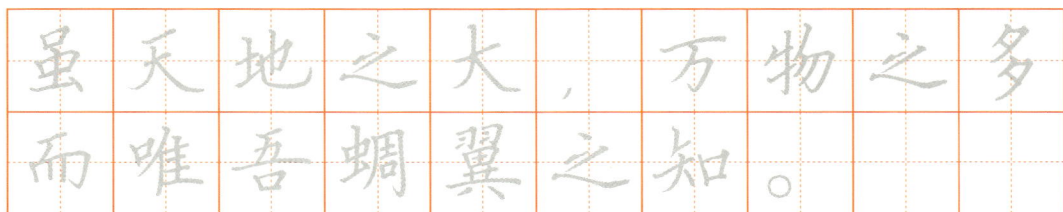

蝉为什么在夏天会叫？

蝉又被叫作"知了""蜩"。每年夏天，我们都会听到蝉的叫声，那为什么其他季节没有听到过呢？那是因为蝉喜欢高温的环境，所以炎热的夏天就是它们的出土之日。如果温度不够高，它的活动就会减少，鸣叫也就会减少。

《花鸟草虫图》（局部）　　［清］孙龙

一天一则名言警句·学习卷

105

五

yòng zhì bù fēn
用志不分，
nǎi níng yú shén
乃凝于神。

|追本溯源|

孔子顾谓弟子曰："'其志不分，乃疑于神。'其痀偻丈人之谓乎！"

——《庄子》

|品思解读|

无论做什么事，都要集中精神，不能三心二意。这是孔子在赶路途中见到一位老者粘蝉时所得出的道理。这位老者的粘蝉技艺很高超，归功于他日复一日、专注用心地练习。后来这句话也经常被用来告诫人们，做任何事情，必须专心致志、全神贯注，才能有所收获。

|写作运用|

写作主题：专注　勤学　坚持　生命意义

写作示范：决定要做一件事，就要忠于这件事，并把这件事当作自己的使命，将全部精力都集中在这件事上。用志不分，乃凝于神。只有长此以往地坚持下去，才能到达胜利的彼岸，取得成功。

用 志 不 分 ， 乃 凝 于 神 。

/日有所得/

古代为什么会粘蝉？

　　《庄子》中的老人为什么要苦练粘蝉技艺呢？其实在古代，因为粮少人多，人们逐渐兴起了"食虫"的习俗。夏天是各种虫类最活跃的季节，蝉又是最引人注目的。吃蝉在古代极为常见，所以"五月鸣蝉"吸引来的可不止雌蝉，还有那些等着大快朵颐的食客们。而除了吃之外，蝉还能入药，《神农本草经》中记载蝉可以治疗婴儿夜啼、惊痫等疾病。

《荷亭消夏图》（局部）

［宋］佚名

　　图中的两个孩童似乎是拿捕蝉网在田间玩耍。

一天一则名言警句·学习卷

107

敢于质疑的李时珍

李时珍从小勤奋好学，父亲李言闻对他的教育也十分重视。他不仅教李时珍应考的必读书，还教他一些医药知识。上山采药时，父亲也时常把李时珍带在身边，让他亲眼看看药草的生长状态，增长实际经验。受父亲的影响，李时珍的药物学知识增长得很快，他的求知欲越来越强。

李时珍家里有丰富的医学藏书，他在阅读这些书的时候发现许多关于药物的书并不完全可靠。于是，他决心把医书中的错误纠正过来，把新的经验和知识补充进去。

有一次，他问父亲："医书上说白花蛇皮下有24块斜方块的花纹，是真的吗？"父亲说："我们这地方有白花蛇，你到山上捉一条看看，不就知道了吗？"于是，李时珍独自上山，在山洞附近捉到了一条白花蛇。他仔细一看，白花蛇确实有24块斜方块形的花纹。

还有一次，李时珍听说均州（今湖北境内）的太和山上有一种很稀罕的果子叫榔梅，人吃了可以长寿，他决定亲自去山上看看。当李时珍在半山腰的一座庙里休息时，看庙的老人听说他要上山采榔梅，担心地对他说："可不能去呀，皇上有令，榔梅只能由皇家来采。百姓要是采了，就要问罪。"李时珍心想："榔梅是天生的果树，又不是皇上自己种的，为什么不能碰？我一定要弄几个回去，看看它到底有什么功效。"这天夜里，李时珍趁着月色从小路上了山，采到了几颗榔梅，还连枝带叶折了几枝。回家后仔细一研究，发现榔梅原来是一种榆树类的果实，吃了它根本不可能长生。李时珍不禁笑起来，从此他更加坚信只有亲自实践才能够得出正确结论的道理。

一、下列作品中的"南山"分别指哪座山？连一连。

《汉书·西域传》　　　　　　　　　　　　　祁连山

《诗·小雅·节南山》　　　　　　　　　　　南屏山

"卧闻禅老入南山，净扫清风五百间"　　　　终南山

二、提起夏天，我们就能想到蝉。在不同的季节中，都有哪些特别的
　　事物呢？想一想，然后把下面的内容补充完整。

1．春天：[　　] [　　] [　　]

2．夏天：[蝉] [　　] [　　]

3．秋天：[　　] [　　] [　　]

4．冬天：[　　] [　　] [　　]

三、判断下列人物的做法是否具有质疑精神。

　　1．小明上课的时候总是举手打断老师，还时不时说："老师我觉
得你讲得不对。"问他又说不出理由。　　　　　　　　[　　]

　　2．李时珍怀疑医书中提到的榔梅无法令人长寿，决定亲自采来
研究。　　　　　　　　　　　　　　　　　　　　　[　　]

　　3．天天在看书的时候，发现了一个错字，他赶紧告诉爸爸。[　　]

一

lù màn màn qí xiū yuǎn xī
路曼曼其修远兮,

wú jiāng shàng xià ér qiú suǒ
吾将上下而求索。

/追本溯源/

吾令羲和弭节兮,望崦嵫而勿迫。路曼曼其修远兮,吾将上下而求索。

——《离骚》

/品思解读/

在追寻真理方面,前方的道路还很漫长,但我将百折不挠,不遗余力地去追求和探索。当时的楚国诗人屈原遭到小人诬陷,眼睁睁看着楚国陷入危境,悲愤之下创作了《离骚》,这才有了这句千古名句。现在人们经常用这句话形容不遗余力地去寻求正确的方法,以解决所面临的问题。

/写作运用/

写作主题: 探索 勤学 进取 生命意义

写作示范: 追求真理的道路是漫长而又曲折的,我们要时刻谨记"路曼曼其修远兮,吾将上下而求索"的道理,不因为一时的挫折而停下自己探索的脚步,而是应该坚持不懈地走下去,直至达成自己的目标。

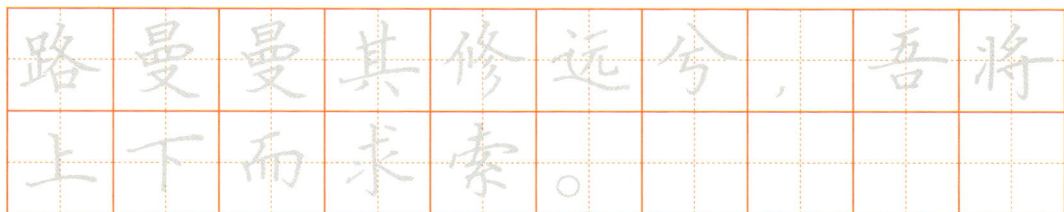

路 曼 曼 其 修 远 兮 ， 吾 将
上 下 而 求 索 。

|日有所得|

楚辞体

　　楚辞体是战国中晚期由楚国的诗人创造出的一种新体诗。它打破了《诗经》四字一句的死板格式，采取三字至八字参差不齐的句式，是对中国古代诗歌发展史上一次大的解放，也开启了我国史诗上的第二个春天。楚辞的篇幅可根据需要而扩充，更适宜抒写复杂的社会生活和表达丰富的思想感情。

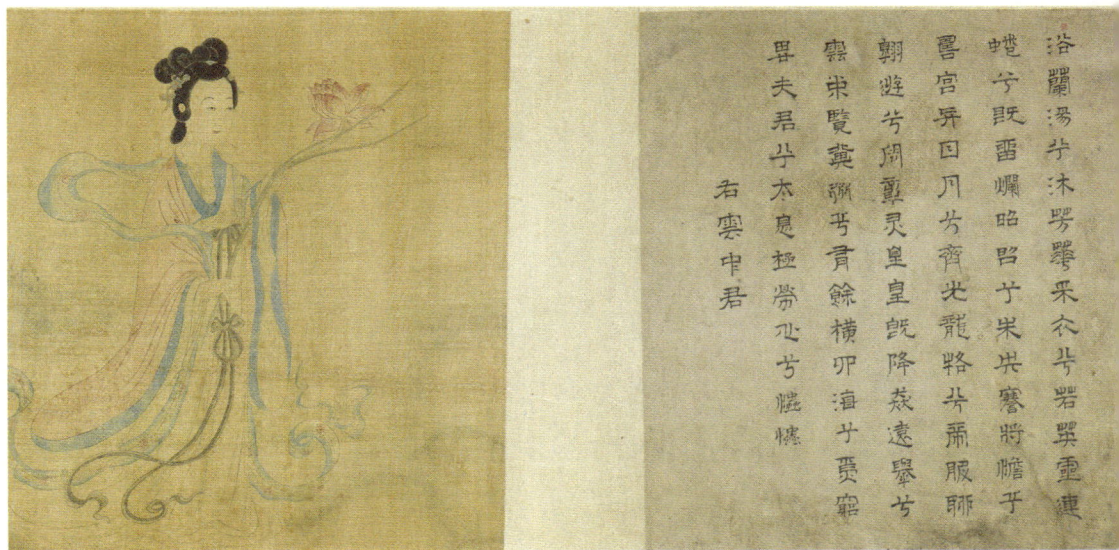

《九歌图》（局部）　　［元］赵孟頫

《九歌》是战国楚人屈原的楚辞代表

作品之一，图中文字内容选自《九歌》。

尽信书则不如无书。
jìn xìn shū zé bù rú wú shū

/追本溯源/

孟子曰："尽信《书》则不如无《书》。吾于《武成》，取二三策而已矣。仁人无敌于天下，以至仁伐至不仁，而何其血之流杵也？"

——《孟子》

/品思解读/

这里的"书"指《尚书》。完全相信《尚书》，那还不如没有《尚书》。现在这句话经常被用来告诫人们，读书时应加以分析，不能盲目地迷信书本，应当辩证地去看待问题，并学会独立思考。倘若完全相信书本，只会失去思考与结合实际的能力。

/写作运用/

写作主题：思考　勤学　读书　辩证思维

写作示范：实践是检验真理的唯一标准，书上的知识是理论，而理论是用来指导实践的。如果只学习理论，而不会用理论来指导实践，理论便成了空洞的说教，失去了意义。孟子说："尽信书则不如无书。"陆游说："纸上得来终觉浅，绝知此事要躬行。"讲的都是这个道理。我们在学习时，了解书上的理论只是手段，最终目的是让理论去指导实践，进而造福人类。

尽 信 书 则 不 如 无 书 。

中国现存最早的史书——《尚书》

　　《尚书》又称《书》，是我国第一部上古历史文献和部分追述古代事迹著作的汇编，它保存了商周特别是西周初期的一些重要史料。《尚书》分为《虞书》《夏书》《商书》《周书》。战国时期总称《书》，汉代改称《尚书》，即"上古之书"。因是儒家"五经"之一，《尚书》又称《书经》。

毛公鼎　〔西周〕
　　器内铭文体例与《尚书·文侯之命》相似。

dú shū qiě píng píng dú
读书且平平读，
wèi xiǎo chù qiě fàng guò   bú bì tài zhì
未晓处且放过，不必太滞。

|追本溯源|

先生云："此是听某言不入，若听得入，自无此患。某之言打做一处，吾友二三其心了。如今读书，且平平读，未晓处且放过，不必太滞。"

——《象山语录》

|品思解读|

读书时不必强求全都读懂，不懂的且先放过，或许在将来某个时候就会豁然开朗。阅读能开阔我们的视野，拓展我们的知识面。但在阅读的过程中，我们往往会因为自身知识的匮乏，难以理解书中的某些内容。遇到这种情况，我们不要勉强自己。

|写作运用|

写作主题：读书　勤学　方法　理解

写作示范：谈起读书，我以前经常会因为书中一个陌生的词汇，就在那琢磨半天。直到后来我才明白：读书且平平读，未晓处且放过，不必太滞。等把整本书看完，再回过头去看原本困扰我的问题，就会发现容易理解了许多。

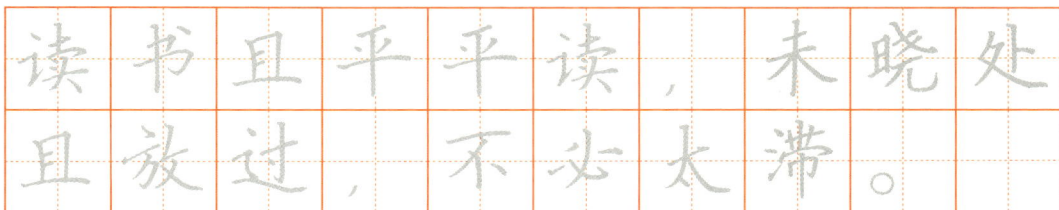

读书且平平读，未晓处
且放过，不必太滞。

|日有所得|

陆九渊的读书方法——涵泳法

　　涵泳的意思有三种，第一种表示潜游，第二种表示浸润、沉浸，第三种表示深入领会。陆九渊所推崇的涵泳法告诉人们读书有一个从易到难的过程。读书不要性急，要先解决容易的问题，剩下的难点自然而然也就领悟了。采用涵泳法读书，在汲取知识的同时也能陶冶自己的性情。

《朱买臣负薪读书图》　　［明］石锐

一天一则名言警句·学习卷

四

wú cháng zhōng rì ér sī yǐ
吾尝终日而思矣，
bù rú xū yú zhī suǒ xué yě
不如须臾之所学也。

|追本溯源|

吾尝终日而思矣，不如须臾之所学也；吾尝跂而望矣，不如登高之博见也。

——《荀子》

|品思解读|

荀子说："我曾经一天到晚地冥思苦想，却比不上片刻间学到的知识多。"这句话说明了去学习远胜于光想不做的道理，也是许多老师在教学时经常说的话。这可以鼓励学生抓紧时间主动学习，而不是漫无目的地空想。

|写作运用|

写作主题：思考　勤学　行动　脚踏实地

写作示范：与其每天胡思乱想，不如去学习。在学习的过程中，那些让你思虑良久的问题也许就迎刃而解了。荀子曾说过："吾尝终日而思矣，不如须臾之所学也。"快去学习吧！

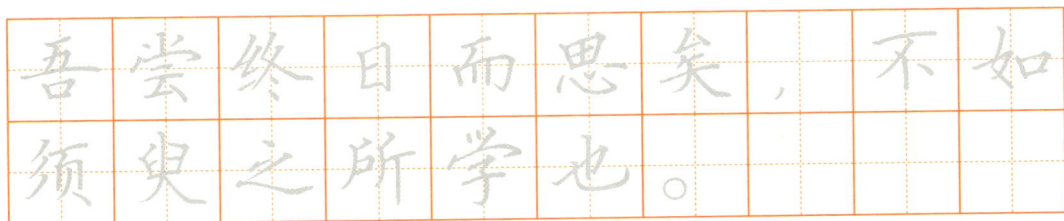

吾尝终日而思矣，不如
须臾之所学也。

表示时间的词语

　　古人要表示时间，除了年、月、日、时、分、秒这样的常规表述外，还有一些非常美的表达方式。比如片刻、瞬间、须臾、刹那、少顷、眨眼间、弹指一挥间等词语，可以表示非常短暂的时间。一岁、一载、一霜、一稔、一春秋都可以表示一年的时间。表示时间飞逝，古人说光阴似箭，也说白驹过隙。表示时间难熬，古人说度日如年、一日三秋。

一天一则名言警句·学习卷

旧玉鸟纹佩　　［战国］

学然后知不足，
教然后知困。

xué rán hòu zhī bù zú
jiāo rán hòu zhī kùn

/追本溯源/

是故学然后知不足，教然后知困。知不足，然后能自反也；知困，然后能自强也。

——《礼记》

/品思解读/

只有经过学习，才知道自己知识的不足；经过教授，才知道自己对知识还存有困惑。教和学二者互相促进。首先我们要通过学习发现问题，完善和提升自己，然后运用自己所学的知识去教导别人，在教导别人的过程中，我们又会发现对知识的掌握还有欠缺，因此发愤图强。

/写作运用/

写作主题：方法　勤学　教学相长　实践

写作示范：有的人在学业上取得了一点进步，就沾沾自喜，自以为了不起；也有的人因此发现自己的不足，于是更加孜孜不倦地学习，不敢轻易停下学习的脚步。学然后知不足，教然后知困。这才是对待学习应有的态度。

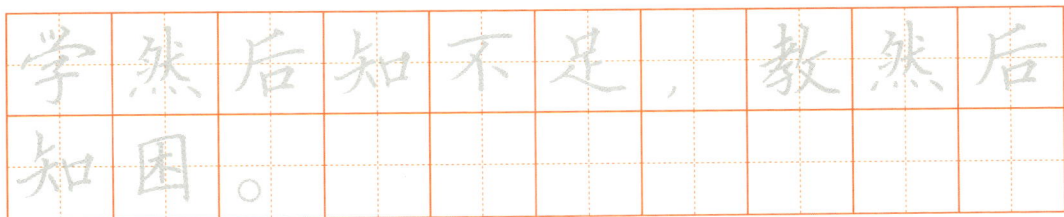

"困"的含义

"困"除了"困惑"，在古代还有很多含义，如它在《荀子·儒效》"知之而不行，虽敦必困"一句中表示艰难、窘迫；在《左传·定公四年》"困兽犹斗，况人乎？"一句中表示被围困；在《国语·越语下》"日困而还，月盈而匡"一句中表示穷尽；而在《墨子·备城门》"试藉车之力，而为之困"一句中则表示门槛。

玉辟邪 ［西汉］

一天一则名言警句·学习卷

119

纸上谈兵

赵奢是赵国名将，为赵国屡建战功，他有个儿子名叫赵括。赵括从小读了不少兵书，谈起用兵之道滔滔不绝，连他的父亲都不如他。但赵奢却常常担忧地说："日后赵国不让赵括带兵便罢，如果让他带兵打仗，那么断送赵国前程的必是赵括无疑。"

赵奢去世后，有一年，秦国对赵国大举进攻，赵国派了年龄很大的将军廉颇率军迎敌。刚开始赵军连连失利，于是廉颇改变战略方针，他下令让军队坚守城池，以逸待劳，不要主动出击，保存实力把住阵地从而拖垮秦军。秦军由于远道而来，结果真的经不住廉颇的拖延，粮草渐渐接不上，快要支撑不下去了。于是秦军派人悄悄潜入赵国散布流言："秦军谁都不怕，就怕赵括担任大将。"

赵王正在为廉颇在军事上毫无进展而闷闷不乐，听到外面流传的那些说法，便撤掉廉颇，改派赵括为大将。赵括到了前线，一改之前廉颇的策略，大量撤换将官，弄得人心惶惶、军心涣散。这一番胡乱指挥，给了秦军可乘之机。

一天深夜，秦军先派了一支队伍偷袭赵营，刚一交战，便佯装败走。另一边，他们又派兵切断了赵军的粮道。

赵括还以为秦军真的是败逃，就命令部队紧紧追击，结果被埋伏的秦军给围困住了。在被困住的日子里，很快粮食就吃光了。赵括眼看守下去也是活活饿死，便率军仓皇突围。可是怎敌秦军四面掩杀？最终赵括被乱箭射死，四十万赵军也全军覆没。从此以后赵国一蹶不振。

一、古人将一天的时间分为十二个时辰，一个时辰相当于我们现在的
　　两个小时。请你查查资料，将下列古人用的时辰与我们用的小时
　　对应，连一连。

子时　　　　　　7：00～9：00

寅时　　　　　　17：00～19：00

辰时　　　　　　23：00～1：00

午时　　　　　　3：00～5：00

酉时　　　　　　11：00～13：00

二、判断下列的说法是否正确。

　　1．《尚书》是儒家经典中的"四书"之一。

　　2．《离骚》是屈原的作品。

　　3．陆九渊的涵泳法告诉人们解决问题有一个从易到难的过程。

三、判断下列名言的用法是否合适。

　　1．小明的人生座右铭是"路曼曼其修远兮，吾将上下而求索"，
所以在学习上他勤学不辍，从不放纵自己。

　　2．我的朋友知道的东西可多了！我问他学习的秘诀，他自豪地
说："'尽信书则不如无书。'那是因为我每天都坚持看书，才积累了
这么多的知识。"

一

bù dēng gāo shān
不登高山，
bù zhī tiān zhī gāo yě
不知天之高也；
bù lín shēn xī
不临深溪，
bù zhī dì zhī hòu yě
不知地之厚也。

/追本溯源/

故不登高山，不知天之高也；不临深溪，不知地之厚也；不闻先王之遗言，不知学问之大也。

——《荀子》

/品思解读/

不去登高山，不知道天有多高；不去靠近深谷，不知道地有多深。这里的深溪指的是深谷。这句话告诉我们，无论做什么事，都只有在自己亲身实践后，才能获得真理。而在这个实践的过程中，我们也应该时刻秉承着谦虚谨慎的态度。

/写作运用/

写作主题：努力　勤学　实践　谦虚

写作示范：实践出真知。勇于实践、善于实践才能获得真正的知识，这是一条亘古不变的真理。雏鹰不知用力地拍打过多少次翅膀，才可以在天空翱翔；幼虎在捕食时不知受过多少次伤，才成长为"林中之王"。正所谓："不登高山，不知天之高也；不临深溪，不知地之厚也。"我们要重视实践，不要做纸上谈兵的赵括。

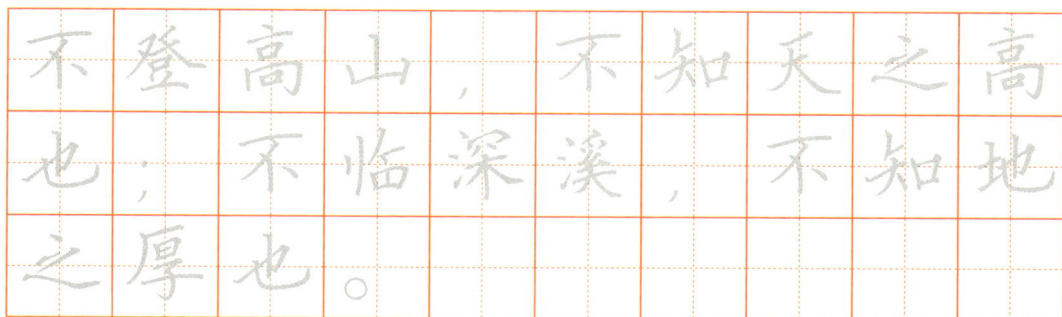

不登高山，不知天之高也；不临深溪，不知地之厚也。

古代的登山鞋

登山鞋的历史可以追溯到夏朝。据记载，上古帝王中的夏禹就是最早使用登山鞋的人。在《史记·夏本纪》中记载有一种叫"檋（jú）"的鞋子，这是一种登山穿的带锥头的木屐。而在后来的东晋时期，诗人谢灵运喜欢登山，他改造出了一种登山鞋，世人称之为"谢公屐"。这是一种活齿木鞋，鞋底有两个木齿，上山去掉前齿，下山去掉后齿，便于走山路。

《登山远眺图扇面》 ［明］文伯仁

一天一则名言警句·学习卷

二

fā fèn shí biàn tiān xià zì
发奋识遍天下字，

lì zhì dú jìn rén jiān shū
立志读尽人间书。

/追本溯源/

发奋识遍天下字，立志读尽人间书。

——民间俗语

/品思解读/

发奋认识天下所有的字，立志读完人间全部的书。据说这两句原本写的是"识遍天下字，读尽人间书"，是苏轼小时候因才智过人，得到很多人的夸奖，便骄傲自大写下的一副对联。后来，有位老人向苏轼请教生字，结果苏轼也不认识。他非常羞愧，于是在对联前加了几个字，告诫自己要谦虚为人，戒骄戒躁。

/写作运用/

写作主题：读书　勤学　知识　目标　人生价值

写作示范：在父亲的耳濡目染下，我从小就发奋识遍天下字，立志读尽人间书。我给自己订立了阅读计划，规定自己每个月都要看完两本书。现如今，我已经把家里一半的书都看完啦！

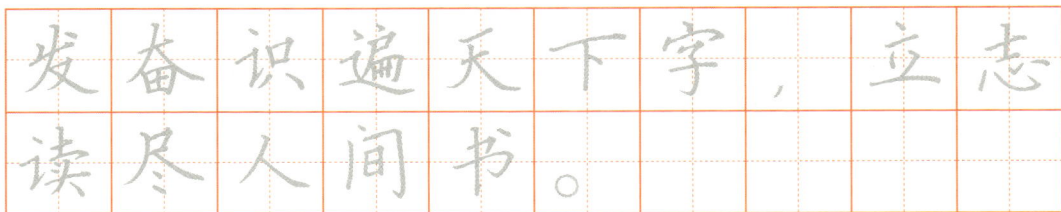

发奋识遍天下字，立志读尽人间书。

/日有所得/

有趣的同字异音联

对联，是写在纸、布上或刻在竹子、木头、柱子上的对偶语句，是中国传统文化的重要组成部分。在众多对联中，一种特殊的对联——同字异音联，因为趣味性强，被许多人所喜爱。比较经典的同字异音联有"调琴调新调调调成调调妙，种花种好种种种种成种种香"。

它的上联第一、三、八字读"tiáo"，即调整的"调"；剩下的"调"都读"diào"，即音调的"调"。它的下联第一、三、八字读"zhòng"，即种树的"种"；剩下的"种"读"zhǒng"，即种类的"种"。这副对联是按照这样的停顿节奏来读的："调琴/调新调/调调/调成/调调妙，种花/种好种/种种/种成/种种香"。

一天一则名言警句·学习卷

《古木怪石图》 ［宋］苏轼

125

三

xué rú nì shuǐ xíng zhōu　bú jìn zé tuì

学如逆水行舟，不进则退。

|追本溯源|

学如逆水行舟，不进则退；心似平原走马，易放难收。

——民间俗语

|品思解读|

学习要不断进取，不断努力，就像逆水行驶的小船，如果不努力向前，就只会向后退。这是古代民间的一句俗语，告诫世人学习要坚持不懈，持之以恒，只有这样学业才不会退步。现在也经常被用在其他领域中，比喻做事有阻力，必须努力从事。

|写作运用|

写作主题： 努力　勤学　迎难而上　积极进取

写作示范： 学如逆水行舟，不进则退。在漫长的学习过程中，如果我们不力求上进，而是得过且过，最终不仅维持不了现状，反而会有所退步。要想有所进步，唯有坚持不懈地学习和努力，才能取得成功。

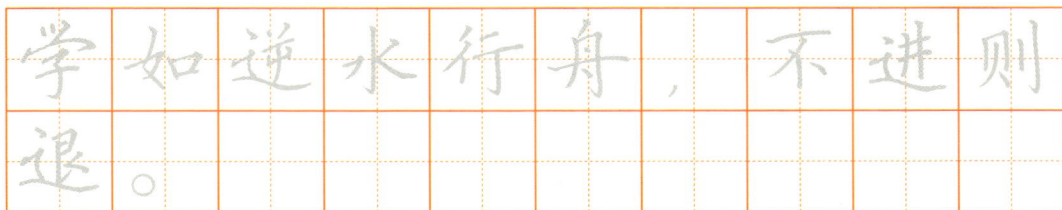

学 如 逆 水 行 舟 ， 不 进 则
退 。

|日有所得|

"逆"的由来

　　要解释"逆"的由来，那就必须提到"屰"。在甲骨文和金文中，"屰"像一个倒立的人，表示逆反，不顺。后来人们给"屰"加上了符号，"屰"就变成了"逆"。"逆"的意思跟"屰"相同，都有不顺的意思。比如不顺耳的话称"逆耳之言"，不孝顺的儿子称"逆子"。由此又引申出了倒着、退后、不顺从、叛乱、猜度等意义。而除了上述的意思外，因为"逆"字就像对面的人向自己迎面走来，所以它还可以表示迎接的意思。

甲骨文（屰）

金文（屰）

甲骨文（逆）

金文（逆）

一天一则名言警句·学习卷

读书之法，在循序而渐进，熟读而精思。

dú shū zhī fǎ　zài xún xù ér jiàn jìn
shú dú ér jīng sī

|追本溯源|

读书之法，在循序而渐进，熟读而精思。又曰字求其训，句索其旨，未得于前则不敢求其后，未通乎此则不敢志乎彼。

——《朱子学的》

|品思解读|

读书要循序渐进，慢慢来，一点一点地进行。另外要多读几遍，遇到问题多思考。这是朱熹提出的关于读书的方法。

|写作运用|

写作主题：循序渐进　勤学　读书　脚踏实地

写作示范：阅读时不能只追求速度，读书之法，在循序而渐进，熟读而精思。我们要养成阶梯式阅读的习惯，循序渐进。同时，我们也要在反复阅读的过程中多思考。

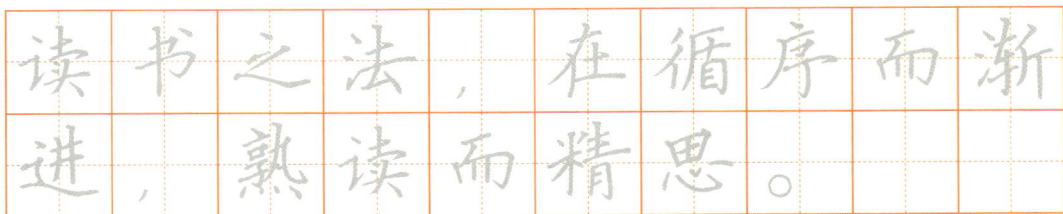

读书之法，在循序而渐进，熟读而精思。

朱子读书法

朱熹是一个系统研究读书理论和读书方法的名人，他的学生把他总结出来的学习方法概括为"朱子读书法"。该读书法除了前面提到的循序渐进和熟读精思外还有四条，分别是虚心涵泳、切己体察、着紧用力和居敬持志。虚心涵泳是指读书要虚心，反复琢磨。切己体察则是要求我们读书要联系自己的知识、经验来理解。着紧用力就是说要勤奋，舍得下苦功夫，花大力气。而居敬持志是要求用心专一，并树立坚定的志向。

朱熹尺牍册 ［宋］

一天一则名言警句·学习卷

少年喜读书，
shào nián xǐ dú shū

事业期不朽。
shì yè qī bù xiǔ

/追本溯源/

少年喜读书，事业期不朽。致君颇自许，书卷常在手。

——《久无暇近书卷慨然有作》

/品思解读/

少年时期喜欢读书，长大就有希望建立不朽的功业。当时写下这句诗的陆游非常忙碌，没有闲暇的时间去读书，等他忙完过后，才发现自己已经许久没有看书了。陆游告诉我们，读书与事业是相辅相成的，刻苦读书是建功立业的基础。

/写作运用/

写作主题： 读书 勤学 坚持 人生意义

写作示范： 阅读能充实我们的大脑，净化我们的心灵，陶冶我们的情操。作为二十一世纪的青少年，我们每个人都应当养成读书的好习惯。少年喜读书，事业期不朽。趁着年轻多读书，为自己将来的发展打下坚实的理论基础。

少年喜读书，事业期不朽。

陆 游

　　陆游是南宋时期著名的爱国诗人。他从小就聪慧过人，曾在锁厅考试中取得第一，而秦桧的孙子名次在其之下，因此得罪了秦桧，导致仕途不顺。为官期间，陆游力主抗金，并作了一系列诗歌来讨伐投降派，鼓舞了当时人们抗金的斗志。在诗歌方面，除了关于抗金之类的爱国诗，陆游也善于从生活情景中发现题材，《游山西村》就是其中的代表。诗中的"山重水复疑无路，柳暗花明又一村"已成为后世广为流传的千古名句。

《梅下读书图页》　　〔宋〕夏圭

董仲舒三年不窥园

董仲舒从小就酷爱学习，读起书来常常废寝忘食。他的父亲为了让他休息一下，决定在宅后修筑一个花园，让孩子能有机会到花园散散心。

第一年，花园开始动工了，董仲舒不为所动，手捧竹简，学习孔子的《春秋》，背先生布置的《诗经》。第二年，花园建起了假山。邻居、亲戚的孩子纷纷爬到假山上玩。小伙伴们叫他，他却低着头在竹简上刻写诗文，头都顾不上抬一抬。第三年，花园建成了。亲戚朋友携儿带女前来观看，都夸董家花园建得精致。父母叫董仲舒去玩，他只是点点头，仍埋头学习。

随着年龄的增长，董仲舒的求知欲越发强烈，读遍了儒家、道家、法家等各家书籍，最终成为令人敬仰的儒学大师。

杨愔读书

杨愔是南北朝时期北齐的宰相。他从小就特别爱读书，而且十分专注。

一次，年幼的杨愔坐在院子里的李树下看书，熟透了的李子从树上掉下来，打中了他的背。其他的小孩看到了从树下掉下来的李子，纷纷跑到树下争抢。抢到了的就津津有味地吃起李子来，没抢到的小孩们则懊恼着，还有几个小孩开始想办法从树上再弄几个李子。他们有的拿来竹竿，有的摩拳擦掌准备爬上树去，只有杨愔一动不动，聚精会神地看着书。

一、从下列选出“逆”的甲骨文。

（　　）　　　　（　　）　　　　（　　）

二、判断下列的说法是否正确。

　　1．朱子读书法一共有四条。

　　2．“山重水复疑无路，柳暗花明又一村”出自陆游的《游山西村》。

三、查查资料，试着给下面这一副同字异音联注上音。

行	行	行	行	行	行	行

长	长	长	长	长	长	长

一

lì shēn yǐ lì xué wéi xiān
立身以力学为先，

lì xué yǐ dú shū wéi běn
力学以读书为本。

/追本溯源/

立身以力学为先，力学以读书为本。

——《劝学》

/品思解读/

"立身"指安身立命，"力学"则指学习。安身立命之前应该先以学习为主，学习的时候则应该以读书为根本。要想在社会上有立身之地，那就必须学习。所有的实践都是基于充足的理论知识，只有先掌握理论，才能更好地处理生活中的问题。

/写作运用/

写作主题： 读书　勤学　坚持　人生意义　生命价值

写作示范： 所有的成功都来自不懈地学习，而学习的关键又在于不断地读书。立身以力学为先，力学以读书为本。读书能丰富我们的学识，充实我们的思想，帮助我们从不一样的角度认识自己，提升自己。

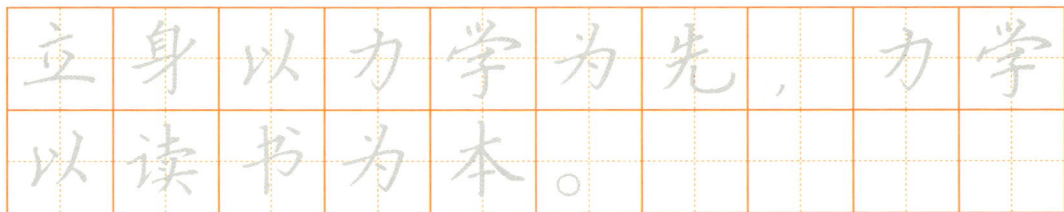

立身以力学为先，力学
以读书为本。

周永年与《先正读书诀》

清朝时期，有一个学者叫周永年，他学识渊博，还是一个藏书家。进士及第后，他协助纪昀编纂《四库全书》，之后他又负责一些编修古籍的工作。虽然周永年博览经史百家，学问很不错，却自认为学识浅薄，所以没有留存什么文章、著作。《先正读书诀》是他编撰的一部作品。先正，指前代贤人。诀，就是诀窍、秘诀、诀要。顾名思义，这本书介绍的是前代著名学者读书的秘诀。在《先正读书诀》中注明了，"立身以力学为先，力学以读书为本"这句名言出自郑耕老《劝学》。

《醉翁图》 ［宋］梁楷

135

yù bù zhuó　　bù chéng qì
玉不琢，不成器；
rén bù xué　　bù zhī dào
人不学，不知道。

|追本溯源|

　　玉不琢，不成器；人不学，不知道。是故古之王者建国君民，教学为先。

——《礼记》

|品思解读|

　　在这里的"知"是指知晓，"道"是指道理。玉石不经过雕琢，就无法成为精美的器物；人不经过学习，就不能懂得该懂得的道理。这句话强调了后天学习的重要性。天赋固然重要，但是后天的努力才是决定能否成功的根本因素。

|写作运用|

写作主题：努力　勤学　坚持　刻苦　人生意义

写作示范：教育是国之根本，是为了培养出各个领域的优秀人才。正所谓玉不琢，不成器；人不学，不知道。学生们唯有不断地学习，才能够学有所成，才有机会为祖国贡献自己的力量！

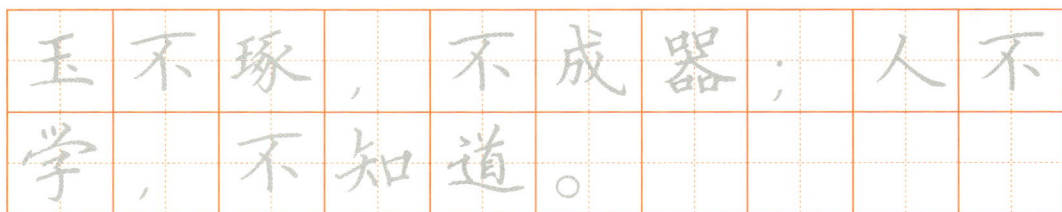

玉 不 琢， 不 成 器； 人 不

学， 不 知 道 。

/日有所得/

古人如何琢玉？

　　琢玉是指对玉的加工制作。在琢玉之前，古人首先从天然沙中提炼出能够磨玉的沙，这种沙被叫作"解玉砂"，在水的辅助下可以碾磨玉石。其次是分解玉石，用弓分解大块的玉石，用扎砣分解小的玉石。分解好的玉石用冲砣做出形状，再用磨砣把玉的表面打磨光滑。佩戴在身上的玉需要打孔，有些还会在玉上雕出漂亮的花纹。最后用皮砣给玉抛光，一块漂亮的玉就琢好了。

玉剑璏　[战国晚期至西汉]

剑璏是古代宝剑上的玉饰之一，穿系于腰带上，即可将剑固定于腰间。

一天一则名言警句·学习卷

137

三

yí rì wú shū
一日无书，

bǎi shì huāng wú
百事荒芜。

/追本溯源/

故谚曰："一日不书，百事荒芜。"

——《魏书》

/品思解读/

只要一天没有看到书，便没有心情去做其他的事情了。这一句话强调了读书的重要性，告诫人们读书要持之以恒，一日都不可间断。读书不仅增进我们的学识，更让我们跨越了时间和空间与圣人先哲进行对话，从而进行更加深入的思考，获得自我升华。

/写作运用/

写作主题：阅读　勤学　坚持

写作示范：我爱看书，书是我日常生活中不可缺少的部分。一日无书，百事荒芜。阅读为我装上了一对翅膀，让我能够尽情翱翔在知识的蓝天下，去往"世界各地"领略不同的文化。

一日无书，百事荒芜。

"书"与"画"

　　"书"这个字可以作动词也可以作名词。作动词时，表示书写的意思。作名词时，表示的意思比较多，最常用的是表示书籍，也就是装订成册的著作。除此之外，"书"还常用来表示信件，比如家书。在古代，臣子递给皇帝的奏章，朝廷中传递的文件，也被称为书。书法、文字也常简称为书。"书"字和"画"字，在我们现在看来，字形上有很大的区别，但古时用的繁体的"書"和"畫"字形十分相似。

一天一则名言警句·学习卷

《北齐校书图》（局部）　［南北朝］杨子华

139

四

wú shēng yě yǒu yá

吾生也有涯，

ér zhī yě wú yá

而知也无涯。

/追本溯源/

吾生也有涯，而知也无涯；以有涯而随无涯，殆已。

——《庄子》

/品思解读/

　　人的生命是有限的，而知识是无穷的。庄子认为用有限的生命去追求无限的知识是危险的。这样的话，我们就不要去学习了吗？当然不是，生命短暂，因此我们学习要有重点，要将有限的生命投入最值得我们学习的知识中，而不是东学一点，西学一点，到最后捡了芝麻丢了西瓜。

/写作运用/

　　写作主题：生命　勤学　知识　人生价值

　　写作示范：爷爷虽然七十岁了，但他从不因为年纪而停下学习的脚步。他对古代文学很感兴趣，每天坚持阅读古文，写下批注，遇到不懂的知识还会自己在网上搜索答案。他跟我说："吾生也有涯，而知也无涯，我想抓紧时间多学一点有意义的知识。"

吾生也有涯，而知也无涯。

"涯"的多种意思

　　"涯"的本义是水边。在孟郊《病客吟》中有一句"大海亦有涯，高山亦有岑"，其中的"涯"就是这个意思。"涯"还可以表示岸边，虞集的《题商学士画》就有"驾舟载男女，筑宫东海涯"。而范仲淹《岳阳楼记》中的"横无际涯"，意思是宽阔无边，这里的"涯"指边际。有时候"涯"还可以做动词，表示限制、约束的意思，沈约在《答沈麟士书》一文中就有"约少不自涯，早爱虫鸟，逐食推迁，未谐夙愿"。

《濠梁图》　[清]金廷标
　　庄子和惠施游于濠梁之上，见白鲦鱼出游从容，因辩论是否知鱼之乐。

五

wén dào yǒu xiān hòu
闻道有先后，
shù yè yǒu zhuāngōng
术业有专攻。

|追本溯源|

是故弟子不必不如师，师不必贤于弟子，闻道有先后，术业有专攻，如是而已。

——《师说》

|品思解读|

"闻道"是指领会某种道理，"术业"指各种学术、技术、专业、行业等，"专攻"指专门在某一门学问或技术上下功夫。听到的道理有早有晚，学问技艺也各有专长。这是韩愈写在《师说》中的一句话。在韩愈看来，既不该对老师有过高的要求，也不能轻视学生。

|写作运用|

写作主题： 求知　勤学　从师　专长　人生价值

写作示范： 有的人可能对数字极不敏感，却能够做出一手好饭菜；也有的人不喜欢背书，但是能作出一首首动听的乐曲。闻道有先后，术业有专攻。不必因为自己某一方面不如他人就妄自菲薄，同样也不要因为他人的不足就随意轻视，而是应该相互尊重与学习。

闻道有先后，术业有专攻。

|日有所得|

古代不同类型的人才

　　纵观历史长河，无论哪个朝代的统治者，其成功都少不了一群人才的帮助。吴王阖闾在孙武的帮助下几近覆灭楚国，夫差也凭借孙武的计谋大败越军，逼得越王屈辱求和；春秋时期的著名政治家晏子曾在出使楚国时巧言应对，捍卫了齐国的国格和国威。孙武和晏子都是君王的得力助手，但如果是让晏子去打仗、孙武去外交呢？每个人擅长的领域各不相同，领导者要懂得知人善任的道理。

《至圣先贤半身像册·韩愈》　　［明］佚名

两小儿辩日

　　一天，孔子在路上碰到两个孩子正在争论。孔子上前询问，原来这两人正在争论早晨和中午的太阳哪一个离他们近。一个孩子说："我认为早晨的太阳离人近，中午的时候离人远。因为早晨的太阳看起来有车盖那么大，中午的太阳看起来只有菜盘子那么小。难道不是离得近显得大，离得远显得小吗？"孔子听了觉得有道理。另一个孩子马上反驳说："中午比早上热，难道不是离得近的更热吗？"孔子一听也觉得有道理，这样一来他就无法断定谁是对的了。两个孩子非要孔子评出个对错。孔子只得摇摇头，老实承认自己也搞不清谁是谁非。两个小孩十分失望，望着孔子远去的背影取笑说："还说他学问大得很呢！原来也不过如此而已！"

学无止境

　　从前，有一个小和尚拜了一位高僧为师。两年后，小和尚自以为已经学到了师父的真传，便向师父辞行。高僧就让小和尚拿来一个钵子，让他往里面装一些石头，直到装满为止。

　　高僧问小和尚："钵子装满了吗？"小和尚答："满了，再也装不下什么东西了。"高僧便抓了一把芝麻撒进去，然后晃了晃钵子，芝麻一会儿就不见了。"钵子装满了吗？"高僧再次问小和尚。小和尚惭愧地告诉师父："看上去满了，可是还能装下很多东西。"这时，高僧让小和尚往里面倒水。小和尚看钵子满了，就想停止倒水。高僧却说："不要停，继续倒。"结果钵子倒满了水后，多余的水都溢了出来。高僧这时候让小和尚停止倒水，然后问他："满了还装得下别的东西吗？"小和尚这时才明白师父的一片苦心。

一、写出下列加点字的意思。

　　1．大海亦有涯，高山亦有岑。　　_____

　　2．驾舟载男女，筑宫东海涯。　　_____

　　3．约少不自涯，早爱虫鸟，逐食推迁，未谐夙愿。　_____

二、判断下列的说法是否正确。

　　1．琢玉是中国现代对玉石的加工技艺。　　☐

　　2．清朝的藏书家周永年在《先正读书诀》一书中介绍了许多读书秘诀。　　☐

　　3．"书"和"涯"都是既可以作动词，也可以作名词。　　☐

三、在《两小儿辩日》中，两个小孩争论的问题就连孔子也没回答上来。你能不能查查资料，给他们一个答案呢？把你查到的内容写在下面。

yú bù yí chù yǒu yí　fāng shì jìn yǐ

于不疑处有疑，方是进矣。

/追本溯源/

所以观书者，释己之疑，明己之未达，每见每知所益，则学进矣，于不疑处有疑，方是进矣。

——《经学理窟》

/品思解读/

能在别人不会怀疑的地方提出疑问，这才会有长进。这是张载在《经学理窟》中提到的学习原则。张载认为，质疑在学习过程中有着重要作用。学习不仅是知识的积累与承袭，更是一个创新与超越的过程，要善于发现学习中那些尚且没有被别人发现的问题。

/写作运用/

写作主题：善问　勤学　创新　超越

写作示范：纵观古今，凡是有重大发现或发明的伟人，都是具有质疑精神且善于质疑的人。而那些盲从他人、听之任之的人，往往轻易就被时代所淘汰。于不疑处有疑，方是进矣。质疑是科学的基本精神，是推动社会前进的动力。

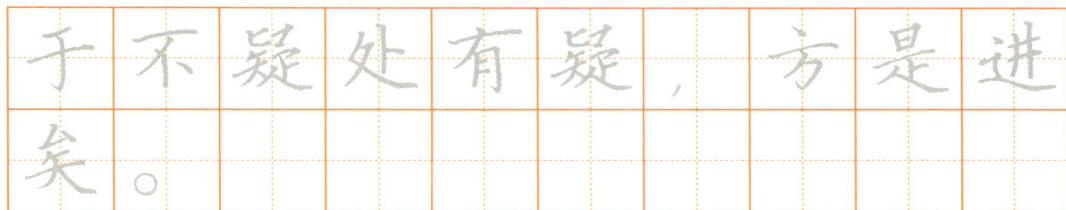

于不疑处有疑，方是进矣。

|日有所得|

北宋大儒——张载

张载是北宋思想家、教育家、理学创始人之一，与周敦颐、邵雍、程颐、程颢合称"北宋五子"。张载年少时致力研究军事，想要为国建功立业，后被范仲淹劝说后改为攻读《中庸》，并结合佛学、道家之书研究，最终将三者融会在一起，建立了自己的学说体系。张载创立的关学，影响了后世诸多的儒家学者。他著有《正蒙》《横渠易说》《经学理窟》等。

《至圣先贤半身像册·张载》 〔明〕佚名

yí rì pù zhī shí rì hán zhī
一日暴之，十日寒之，
wèi yǒu néng shēng zhě yě
未有能生者也。

|追本溯源|

虽有天下易生之物也，一日暴之、十日寒之，未有能生者也。

——《孟子》

|品思解读|

这里的"暴"读"pù"，同"曝"，是晒的意思，而"寒"是冻的意思。虽然天底下有些容易生长的植物，若是晒它一天又冻它十天，也没有能够存活的。这句话用容易生长的植物举例，说明做事如果一日勤，十日怠，没有恒心，是不会成功的。

|写作运用|

写作主题：恒心　勤学　坚持　毅力

写作示范：学习需要的不是一时的努力，而是长久的坚持。要想在学习中源源不断地获得新的知识，必须要有恒心，一日暴之，十日寒之，未有能生者也。如果不能坚持下去，怎么能学有所成呢？

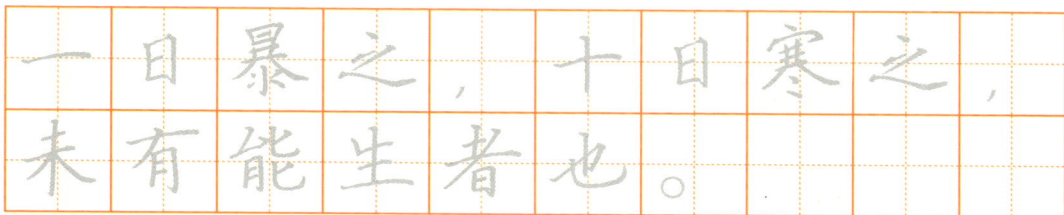

一　日　暴　之，　十　日　寒　之，
未　有　能　生　者　也。

|日有所得|

"暴"和"曝"

　　"暴"的大篆字体，看起来像太阳出来后，一个人双手拿着农具捧着米晾晒。"暴"的本义为晒，又可以引申为显露、显示的意思，该含义的"暴"读作"pù"。而"暴"也有"bào"的读音，此时表示急速、猛烈的意思，并由此引申出突然、凶残、欺凌和损害等意思。

　　为了区分这两个读音，人们就造出了一个"曝（pù）"字来专门表示晾晒和显露的意思。不过它在"曝光"一词中读"bào"。

金文大篆的"暴"

金文大篆的"曝"

一天一则名言警句·学习卷

149

三

qiè ér shě zhī　xiǔ mù bù zhé
锲而舍之，朽木不折；
qiè ér bù shě　jīn shí kě lòu
锲而不舍，金石可镂。

/追本溯源/

骐骥一跃，不能十步；驽马十驾，功在不舍。锲而舍之，朽木不折；锲而不舍，金石可镂。

——《荀子》

/品思解读/

"锲"是刻的意思，"镂"是雕刻的意思。如果刻了几下就放弃，那么就算是腐朽的木头也刻不断；如果坚持不懈地刻下去，就算是金属和石头那样坚硬的东西也可以雕刻成功。荀子用这句话告诫世人，无论办事还是治学，都不能半途而废，而是应该坚持下去。

/写作运用/

写作主题：坚持　勤学　态度　毅力

写作示范：作为一名学生，我们需要的不仅仅是一个聪明的大脑，还要拥有坚持的品质。锲而舍之，朽木不折；锲而不舍，金石可镂。凡事只有持之以恒，善始善终，才有可能取得成功。

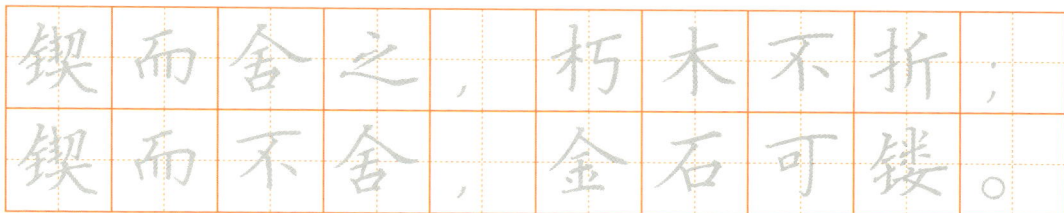

锲而舍之，朽木不折；
锲而不舍，金石可镂。

中国雕塑的发展

中国雕塑最早可以追溯到石器时代。在新石器时代，最为典型的就是陶塑人物形象。到了商朝和周朝，出现了以人或神异动物为主要形象的青铜礼器。而在秦汉时期，兵马俑、动物石刻占据了当时的主流。魏晋南北朝时期，因为佛教兴盛，开始大规模营造石窟寺。自五代以后，雕塑开始更多用于桌、椅等日用器物。元代以后，宫廷、皇家园林的环境雕塑更为流行，我们可以在故宫、颐和园看到这类雕塑。

陈侯午簋　〔战国〕

一天一则名言警句·学习卷

151

四

绳锯木断，水滴石穿。

/追本溯源/

一日一钱，千日一千，绳锯木断，水滴石穿。

——《鹤林玉露》

/品思解读/

用绳当锯子，也能把木头锯断；水一直滴，时间长了也能把石头滴穿。现在经常被用来比喻力量虽小，但只要坚持下去，就能积少成多，取得成功。这句源于《鹤林玉露》里的一个故事：有个小吏从库房偷拿了一文钱，被县令张乖崖发现了。县令认为每天拿一文，一千天就是一千文，所以就处死了小吏。

/写作运用/

写作主题：积累　勤学　坚持　毅力

写作示范：将书法练到入木三分的王羲之，以圆木作警枕的司马光，历时数十年完成《本草纲目》的李时珍……众多古人用经历告诉了我们只有坚持不懈地努力，才能取得成功的道理。绳锯木断，水滴石穿。坚持，是通向成功的必经之路；坚持，是通往胜利的必要桥梁。

绳锯木断，水滴石穿。

现代的切割工具——绳锯

受到绳锯木断原理的启发，现在已经有了能够用于切割脆硬材料的绳锯。绳锯一般是由驱动、飞轮、导向轮、链条四部分组成，其中最特别的是绳锯的链条。它由金刚石制成，因为金刚石是目前在地球上发现的最坚硬的天然物质，用来作为切割工具使用，十分合适。

一天一则名言警句·学习卷

花纹水滴碗　〔宋〕

五

shì yù yào shāo sān rì mǎn
试玉要烧三日满，
biàn cái xū dài qī nián qī
辨材须待七年期。

|追本溯源|

> 赠君一法决狐疑，不用钻龟与祝蓍。
> 试玉要烧三日满，辨材须待七年期。
> 周公恐惧流言后，王莽谦恭未篡时。
> 向使当初身便死，一生真伪复谁知。

——《放言五首·其三》

|品思解读|

　　检验玉石的真假尚且还需要烧满三天，辨别木材更是要等到七年之后。白居易借用这两个例子告诉世人，事物的真伪优劣要交给时间去考验。对人、对事如果要想得到全面的认识，就必须从长远的角度去衡量、判断，而不只是根据一时一事的现象就匆匆定下结论。

|写作运用|

　　写作主题： 观察　勤学　本质　坚持

　　写作示范： 与人交往时，不要仅凭一时的相处就断定其好坏。须知试玉要烧三日满，辨材须待七年期。玉料、木材尚且还需要一定的时间去辨别，一个人的性格品性更需要通过长期的接触去了解。

试 玉 要 烧 三 日 满 ， 辨 材
须 待 七 年 期 。

|日有所得|

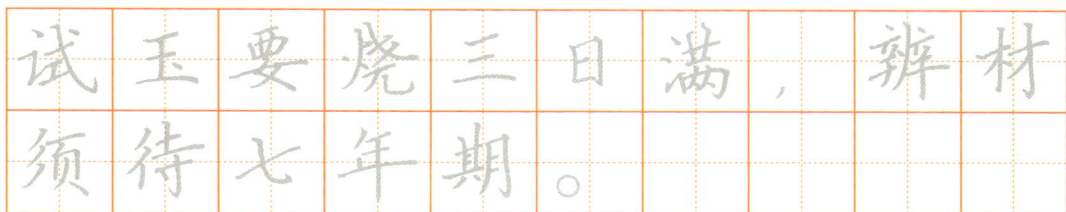

为什么白居易说辨材需要七年？

　　白居易在诗中提到的"辨材"指的其实是辨别豫树与香樟树这两种树。因为这两种树幼年时长得非常相似，必须等七年以后，在它们长大后才能区分。还有一种说法认为，"辨材"是辨别一块木材的好坏。如果一块木头历经七年的风霜后没有腐烂，结实如初，那就证明这是一块好木材。

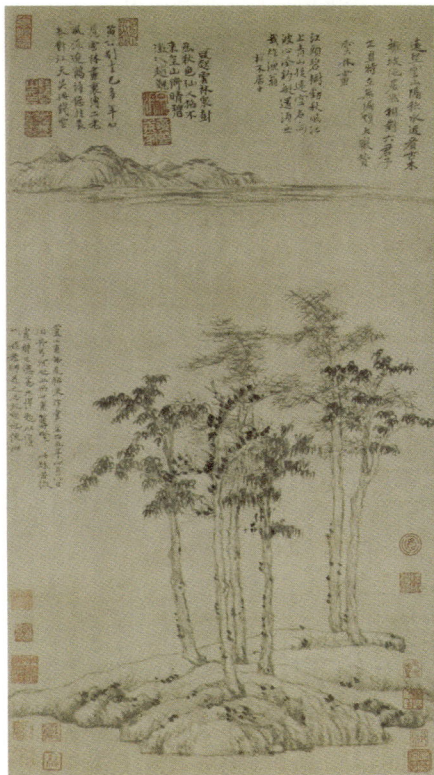

《六君子图》　[元] 倪瓒

一天一则名言警句·学习卷

155

愚公移山

传说，很久以前，有一位老人叫愚公。愚公家门口有两座大山，正好挡住愚公家进出的路。一天，愚公决定把挡在门口的两座大山移开，让门口的路可以直通到外面。于是，愚公和儿孙们扛着锄头到山边开始挖土。这时候，有一个叫作智叟的老人嘲笑他们说："愚公呀！你实在太糊涂了。你这么老了，还要去移什么山？就算到你死掉的那一天，也不可能把大山移开的！"

愚公听了他的话，笑笑说："智叟，你才糊涂呢！我虽然老了，但还有儿子呀。儿子还会生孙子，孙子还会再生儿子，我们的子子孙孙可以一直搬下去，总有一天会把这两座山搬走的。天底下哪儿有不能克服的困难呢？"智叟无话可说，只好走开了。

后来，天神知道了这件事，觉得愚公非常有恒心，就派了两个神仙把他家门口的两座山背走了。

学以致用

了解了"暴"和"曝"的渊源，试着不要借助字典，给下列词语的加点字注音吧。

曝 ☐ 露　　曝 ☐ 光　　曝 ☐ 晒

暴 ☐ 露　　暴 ☐ 风　　暴 ☐ 躁

一曝 ☐ 十寒　　自暴 ☐ 自弃